Jürgen Bona Meyer

Der Mainzer Katholikentag, der Fall Harnack

und die Gottlosigkeit unserer Universitäten

Jürgen Bona Meyer

Der Mainzer Katholikentag, der Fall Harnack
und die Gottlosigkeit unserer Universitäten

ISBN/EAN: 9783743434943

Hergestellt in Europa, USA, Kanada, Australien, Japan

Cover: Foto ©Lupo / pixelio.de

Manufactured and distributed by brebook publishing software (www.brebook.com)

Jürgen Bona Meyer

Der Mainzer Katholikentag, der Fall Harnack

Der Mainzer Katholikentag, der Fall Harnack

und

die Gottlosigkeit unserer Universitäten.

Von

Jürgen Bona Meyer,
Geh. Reg.-Rath und Professor in Bonn.

Hamburg.

Verlagsanstalt und Druckerei A.-G. (vormals J. F. Richter),
Königliche Hofverlagshandlung.
1893.

Das Recht der Uebersetzung in fremde Sprachen wird vorbehalten.

Druck der Verlagsanstalt und Druckerei A.-G. (vorm. J. F. Richter) in Hamburg,
Königliche Hofbuchdruckerei.

Als im letzten Jahre alle Hochschulen Preußens gegen die Annahme des vorgelegten Volksschulgesetz-Entwurfes ihre warnende Stimme erhoben, fragten die Gegner tadelnd nach dem Beruf der Universitäten zur Abgabe einer solchen Warnung. Was gehe die Universitätsprofessoren als solche die Volksschule an? Man betrachtete die abgegebenen Erklärungen als unberechtigte und daher anmaßliche Einmischungen, als zurückzuweisende Grenzüberschreitungen des ihrem Urtheil allein zustehenden Gebietes der Hochschulbildung.

So schlecht begründet wie diese Klage, so gut begründet war die gegebene Antwort. Ward thatsächlich in unserem Volksschulwesen das Konfessionsprinzip in strengster Form zur Grundlage angenommen und durchgeführt, so mußte solches Vorgehen thatsächlich gar bald auch die höheren und höchsten Schulen des Landes in Mitleidenschaft ziehen. Nur Hochmuth kann in Betreff der menschlichen Beziehungen zur Religion einen grundsätzlichen Unterschied zwischen dem Volk und den sogenannten Gebildeten machen. Wenn thatsächlich ein solcher Unterschied gemacht wird, beruht dies sicherlich auf einer Verkennung des wesentlichen Verhaltens der Menschen zur Religion, kann man darin sicherlich nur ein Zeichen dafür finden, daß es sich nicht um die Hauptsache, um das Wesen der Religion handelt, sondern um Ergebnisse gelehrter Tifteleien über dieselbe. Was auf dem Gebiete der Religion überhaupt begreiflich ist und geglaubt zu werden verdient, begreift der gemeine Mann des Volkes gerade so gut wie der Gelehrteste der Gelehrten. Was aber darüber hinausliegt, begreift der Gelehrte ebenso wenig wie der Mann des Volkes; in Betreff des auch hier etwa noch Glaubwürdigen stehen also ebenfalls Beide einander gleich. Somit hat es gar keinen Grund, hinsichtlich der religiösen Unterweisung einen grundsätzlich durchgreifenden Unterschied zwischen Volksschulen und höheren Schulen zu machen; was grundsätzlich in Betreff der Religion und Konfession für die Volksschule gilt, muß grundsätzlich auch für die höheren Schulen gelten. Es kann sich dann nur noch um einen thatsächlichen Unterschied in Berücksichtigung der Altersunterschiede der zu Unterrichtenden in allen Schulen handeln, aber auch dieser Unterschied kann kein Unterschied im Wesen des Unterrichts, sondern nur im Grade der Ausführung der allen Schulen gemeinsamen Art sein. Müssen Religion und Konfession die Grundlage allen Unterrichtes, auch des gesamten weltlichen Unterrichtes, in der Volksschule sein und ist deshalb eine konfessionell geschiedene Ausgestaltung des Volksschulwesens zu fordern, so muß diese Forderung folgerichtig auch für die höheren und höchsten Bildungsanstalten des Landes gelten.

Das war es, was die Universitäten erkannten, und weil in ihnen das klare Bewußtsein lebte, wie unheilvoll eine solche Entwickelung insbesondere auch für die Hochschulen sein würde, erkannten sie als ihre Pflicht und als ihren Beruf, nach dem Grundsatz: principiis obsta sofort schon gegen den Volksschulgesetzentwurf ihre warnende Stimme zu erheben.[1] Es gereichte ihnen zur hohen Befriedigung, daß diese Stimme an allerhöchster Stelle Gehör fand.

Wie berechtigt aber oder wie wenig überflüssig diese

Stimmerhebung war, das hat seitdem die um so lebhafter hervorgetretene Steigerung der altbekannten Forderungen seitens der Gegner hinreichend bewiesen. Diese Forderungen nun haben sich mit den heftigsten Angriffen auf die Universitäten verbunden, mit der schwerwiegenden Beschuldigung von Gottlosigkeit, Unglauben, Unchristlichkeit oder gar Antichristenthum ihrer Lehrer und mit der an die Regierung gerichteten Forderung, hier Wandel zu schaffen, also geradezu mit einer Bedrohung der Freiheit der Wissenschaft.

Als ein Lehrer der Hochschule, der über dem Gelehrten nie den Staatsbürger hat aus den Augen lassen wollen, halte ich es für meinen Beruf, gegen diese Angriffe, Beschuldigungen und Bedrohungen öffentlich das Wort zu nehmen. Es ist mir wohl bekannt, daß Manche denken werden, man könne dies Geschrei ruhig über sich ergehen lassen, ihr Ziel erreichten die Schreier doch nicht; es sei vornehmer, sie ruhig bellen zu lassen. Ich denke darüber anders. Auch meine Ueberzeugung ist es, daß die Gegner ihr Ziel nicht erreichen, die errungene Freiheit der Wissenschaft werden sie in unserem Lande gewiß nicht wieder in Knechtung der Wissenschaft umwandeln. Dies System halte auch ich für abgethan in aller Zukunft; aber dennoch können die Klagen und Beschuldigungen der Gegner schaden. Auf der Seite der Gegner erkenne ich Folgerichtigkeit und Ausdauer, auf der Seite Derer, die berufen sind, unsere Geschicke zu leiten, finde ich leider diese hohen Eigenschaften nicht in gleichem Maße. Daher halte ich die Besorgniß nicht für ausgeschlossen, auch diese Klagen möchten noch zu einem systemlosen Nachgeben im Einzelnen weiterführen, zu dem Betreten einer schiefen Ebene, auf welcher bekanntlich Halt machen immer schwerer wird, je tiefer man sinkt. Gefälligkeiten dieser Art werden allerdings die freie Forschung der Wissenschaft nach Wahrheit nicht aus ihrer Bahn bringen, aber sie können doch die Freistätten dieser

Forschung vorübergehend schädigen und die Wirksamkeit der Lehrer an diesen Freistätten erschweren. Eben darum ist es allezeit Pflicht, vor solcher Nachgiebigkeit als vor einer jedenfalls zwecklosen und obendrein gefährlichen Halbheit zu warnen. Folgerichtigkeit auf der einen Seite läßt sich nur durch Folgerichtigkeit auf der anderen Seite besiegen, jede Halbheit dazwischen ist vom Uebel und führt zur Niederlage.

Von dieser Ueberzeugung getragen, soll hier ein offenes Wort zur aufgeworfenen Zeitfrage gesagt werden.

Zunächst soll der Thatbestand der vorgebrachten Klagen, Beschuldigungen und Bedrohungen, zu welchen die angeliche Gottlosigkeit oder Unchristlichkeit der deutschen Universitäten Anlaß bieten soll, dargelegt werden. Sodann will ich die Berechtigung dieser Klagen prüfen und widerlegen, darnach auch versuchen zu beweisen, daß, selbst wenn die Klagen berechtigt wären, der von dem Gegner in Aussicht genommene Weg der Besserung niemals zum Ziele führen kann, daß der Weg der Besserung nicht mehr in der Richtung einer irgendwie äußerlich gezogenen Beschränkung der Freiheit wissenschaftlicher Forschungsgebiete gesucht werden darf, sondern nur in dem muthigen Fortkämpfen auf der allseitig freien Bahn dieser Forschung.

Vor allem denn, was ist der Thatbestand der neuerdings wieder vorgebrachten Klagen, Beschuldigungen und Bedrohungen in Betreff der freien Wahrheitsforschung seitens der Universitäten? Hören wir paritätisch die Klagen auf katholischer wie auf evangelischer Seite. Diese Klagen sind äußerst lebhaft vorgebracht worden auf dem **Mainzer Katholikentage** im August vorigen Jahres. Unter dem Märzschnee, der mit dem Falle des Volksschulgesetzentwurfes unerwartet vom Himmel herabfiel, war die hoffnungsvolle Zukunftsstimmung der Katholiken unter den Nullpunkt gesunken; nach der Sommerhitze im Herbstbeginn schon löste sich diese Stimmung wieder auf in laute Klagen über die

Gegenwart und in Steigerung der Forderungen für die Zukunft, in Aufruf zu neuem Kampf. — Der Versammlung des Mainzer Katholikentages wurde folgende, Schule und Unterricht betreffende Resolution vorgeschlagen:

„Die Generalversammlung der Katholiken Deutschlands erklärt: Die Christenheit betrachtet es seit den Tagen Julians als eine grausame Verfolgung, wenn den Söhnen christlicher Eltern der Zugang zur höheren Bildung nur um den Preis ihres Glaubens ermöglicht ist. Die Generalversammlung beklagt es deshalb aufs Tiefste, daß die antichristliche Weltanschauung auf so vielen Kathedern der deutschen Hochschulen ungescheut der Jugend vorgetragen und durch ungläubige Lehrer mehr und mehr auch in den Gymnasien und Realschulen eingeführt wird. Sie erblickt in dieser namens des Staates gelehrten antichristlichen Weltanschauung die größte Gefahr für Staat, Kirche und Gesellschaft und die mächtigste Förderung der sozialdemokratischen Bestrebungen. Sie spricht die Ueberzeugung aus, daß alle anderen Mittel, die soziale Auflösung zu verhindern, wirkungslos bleiben werden, wenn nicht der Verbreitung der Irreligion unter der Jugend durch vom Staate bestellte Lehrer der Wissenschaft nach Kräften Einhalt gethan wird."

Diese Resolution ward nach Begründung derselben durch den Domkapitular Dr. Knecht aus Freiburg natürlich einstimmig angenommen.

Gleich nach Eröffnung der ersten öffentlichen Generalversammlung des Katholikentages durch den Abg. Dr. Porsch nahm Bischof Haffner von Mainz das Wort, um seine dreißigjährigen Erfahrungen und Erlebnisse auf den Katholikenversammlungen zu schildern. Das Kapitel führte ihn natürlich zum Kulturkampf, von dem, wie er meinte, das schöne Sprüchlein gelten müsse: „Verzeihen, aber nicht vergessen." „Unsere Soldaten — so führte er diesen Gedanken aus — kamen 1871 heim vom mühsamen Feldzuge und 1872 mußten sie hören, daß das Blut, das in jenem Kriege vergossen worden, ausgetilgt sei zum Schaden ihrer Religion, daß das Blut, das geflossen, ausgenutzt worden sei gegen unsere heiligen Rechte. Diese vergangenen Dinge sollen vergangen sein, aber nicht vergessen. (Stürmischer Beifall.) Bei der Berathung des jüngsten Schulgesetzentwurfes hat ein ritterlicher Mann, der an der Spitze des Deutschen Reiches steht, das schöne Wort gesprochen: Christlich oder atheistisch. (Lebhafter Beifall.) Sind wir so weit gekommen, daß von seiten des Reichskanzleramtes und des preußischen Kultusministeriums dieses Wort gesprochen wurde? Hat man nicht bis jetzt den Atheismus gepflegt auf unseren Hochschulen, auf unseren Gymnasien? Und diese Lehrer sind hochbesoldete Staatsbeamte. Christlich oder atheistisch! Gepriesen sei die Stunde, wo dieses Wort in Berlin ausgesprochen wurde." (Stürmischer Beifall.)"

Dieser von so hoher Stelle angeschlagene Ton hat die ganze zweitere Versammlung durchtönt. Das verhängnißvolle Wort des Grafen Caprivi: christlich oder atheistisch ist in den verschiedensten Tonarten von verschiedenen Rednern, von dem Dr. Lieber bis zum Grafen Ballestrem wiederholt und gepriesen worden. Dieses große Wort — sagten sie — solle dem Grafen Caprivi nicht vergessen sein. Der Mainzer Katholikentag hat aus diesem verhängnißvollen Worte Kapital für sich geschlagen.

Bei der Besprechung des Einzelnen stellte und begründete dann der Reichstags-Abgeordnete Professor Dr. Schädler di Forderung, daß auch die Mittelschulen, die Gymnasien eine streng konfessionelle Grundlage erhalten müßten. Zur Nachhülfe an höchster Unterrichtsstelle pries schließlich noch der Ständerath Bossy aus Freiburg in der Schweiz die dort neuerdings gegründete streng konfessionelle katholische Universität, mit der

Bitte, in Deutschland dafür zu sorgen, daß diese Bauhütte deutscher Kunst immer frische deutsche Meister und Gesellen finde. — Besonders scharf erklang der angeschlagene Ton, wie sich denken läßt, bei den freieren Vereinigungen am Abend, die mit diesen hohen Tagen verbunden zu sein pflegen. Alle anderen Parteien unseres Landes, mit Ausnahme des Centrums und der Christlich-Sozialen, haben es bisher geflissentlich vermieden, die Jugend in das politische Parteigetriebe der Männer theilnehmend hineinzuziehen. Die Centrumspartei ist von dieser Regel längst abgewichen und hat auch die Studentenvereine ganz Deuschlands zu ihren Parteitagen in gloriam Dei herangezogen. Wo aber Studenten sich versammeln, muß es natürlich auch einen Kommers geben. Auf Kommersen aber pflegt man ohne viel Rücksicht frischer von der Leber weg zu reden. So geschah es denn auch in Mainz. Die Kölnische Volkszeitung No. 482 vom 1. September berichtete darüber folgendes:

„Auch bei der Exkneipe ging es noch recht gemüthlich zu, und wenn sich auch die Reihen gelichtet hatten, so waren noch immerhin über tausend Freunde beisammen. Herr Pfarrer Hammer schilderte die Studenten in ihrer Famosität und Bescheidenheit, die wie in einer Prozession stets die Fahne hoch halten. Bei ihnen gelte der Grundsatz: unus pro omnibus, und im Kulturkampf stand auch alles auf der Wahlstatt. Der Weg der meisten Professoren sei mit Titulaturen gepflastert; die Katholiken aber drechseln nicht die Wahrheit um, sondern richten sich streng nach ihr. Es wäre gut, wenn mancher Professor auf den Hochschulen in seinen atheistischen Anschauungen von seinem Bacillus geheilt oder wenigstens mit samt seinem Kollegienhefte desinfizirt werden könnte. Es sei dem Menschen kein anderer Name gegeben zum Heile als der: Gelobt sei Jesus Christus! Stürmischer Beifall belohnte den greisen Redner.

Nach ihm trat Professor Schnürer (Freiburg in der

Schweiz) auf und lieferte den Beweis, daß doch nicht alle Professoren so befangen sind, wie Dekan H a m m e r sie mit seinen Citaten aus den Dichtern geschildert hätte. Der Kartellverband liefere schon Professoren, und er selbst sei aus ihm hervorgegangen. Mit einem Vivant sequentes schloß er seine Rede." Man vergegenwärtige sich nur diesen Thatbestand deutlich. Alte und doch vermuthlich fromme Herren, darunter waschechte Gottesleute, sitzen mit fröhlichen Studenten beim Glase Wein auf der Kneipe zusammen an die Tausende. Da redet ein greiser Pfarrer zu den jungen Herren höchst schmeichelhaft von ihrer Famosität und ihrer Bescheidenheit, und spricht dann höhnisch von den Lehrern der jungen Leute, deren Weg zumeist mit Titulaturen gepflastert sei, was ja wohl heißen soll, deren Lebensweg durch den Geheimrathstitel erleichtert oder geschmückt wird, während sich die Katholiken nur im strengen Wahrheitsdienst ohne solchen Lohn abschinden müssen. Noch schlimmer redet er dann von den Professoren auf den Hochschulen, die in ihren atheistischen Anschauungen von dem Bacillus der Gottlosigkeit geheilt oder die doch wenigstens mit samt ihren Kollegienheften desinfizirt werden sollten. Und diese pfarramtliche Bierpause erntet natürlich stürmischen Beifall. Widerspruch findet sie nur seitens eines Professors der streng katholischen Universität Freiburg in der Schweiz für die Professoren seines Gleichen, die aus dem Kartellverbande der katholischen Studenten schon hervorgegangen sind. Alle anderen Professoren bleiben also preisgegeben dem pfarramtlichen Verdammungsurtheil, das sie für behaftet erklärt mit dem Bacillus der Gottlosigkeit.

So ward das verhängnißvolle Wort Caprivis: christlich oder atheistisch auf der Exkneipe des M a i n z e r K a t h o l i k e n t a g e s ausgenutzt, nachdem Se. Hochwürden der Herr Bischof Dr. H a f f n e r dazu gleich zu Anfang den rechten Ton angeschlagen hatte.

Mit diesem hochwürdigen Herrn Bischof habe ich noch eine alte Rechnung zu begleichen und muß daher noch einen Augenblick länger mit ihm mich beschäftigen.

Noch als Domkapitular traten Hochwürden vor Jahren einmal, es war am 29. Dezember 1872, in Bonn auf der fünften Wanderversammlung des Mainzer Katholikenvereins in einer fulminanten Rede gegen die Universitäten auf. Nachdem der Wahrheitssinn des deutschen Volkes, des katholisch-christlichen Volkes gebührend gelobt war, fuhr der Herr Domkapitular nach dem Berichte der von mir sorgfältig aufgehobenen Deutschen Reichszeitung No. 2 1873 also fort:

„Und meine Herren, hätte unser Herrgott dem guten Volke diesen Sinn nicht gegeben, so hätten die Doktoren, die sich mit ihm beschäftigt haben, es wahrlich schon längst umgebracht. Gewiß, nicht zum Umbringen ist der Wahrheitssinn des Volkes. Was helfen die Professoren und Gelehrten, welche die Herren Kultusminister uns als höchste Lichter der Wissenschaft zugeschickt haben, — was haben sie nicht schon Experimente an dem Volke gemacht?! Wir haben es in dieser Musenstadt gesehen und an anderen deutschen Hochschulen, die seit einem Jahrhundert mit ihren Früchten die Nation erfüllt oder mit dem übeln Geruche ihrer Blüthen die deutsche Nation durchduftet haben an diesen Hochschulen. Ist nicht im Laufe dieses Jahrhunderts von den berühmtesten Professoren und von den höchstbesoldetsten zumeist der nackte Atheismus gelehrt worden? Ist nicht auf diesen Hochschulen der gemeinste Materialismus und die Verleugnung des Glaubens an eine moralische Weltordnung, an eine göttliche Vorsehung gelehrt worden? Erst in den jüngsten Wochen hat einer der gefeiertsten Gelehrten der deutschen Wissenschaft, David Strauß, das Ziel enthüllt, zu welchem diese wissenschaftliche Bewegung treibt. Seit hundert Jahren arbeitet eine solche Wissenschaft an den deutschen Hochschulen im Sinne des Atheismus und des Materialismus. Von Jahr zu Jahr schöpfen aus ihr hunderte von Jünglingen (zwar die meisten, Gott sei dank, um alles wieder zu vergessen), Manche aber auch, um wiederzugeben, was sie von den Meistern gehört haben, sei es an den kleinen Schulen, sei es im engeren Kreis der Familie."

Wenn nun — meinte der Herr Domkapitular — trotz allem das katholische Volk seinen Glauben an den lebendigen, dreieinigen Gott bewahre, so beweise es damit den tiefen Wahrheitssinn des deutschen Volkes. Das katholische Volk besitze einen starken Magen, der alles vertragen könne, einen wahren Mithridatesmagen, den der glückliche Besitzer durch Gewöhnung an Gifte so gegen Gifte verhärtet habe, daß er sich selber nicht mehr habe vergiften können, als er es wollte. Daß das katholische Volk einen solchen Mithridatesmagen habe, sei sehr gut nicht bloß für die Ehre Gottes und das Gedeihen der Kirche, sondern gut auch für den Schutz der Regierungen. Ohne diesen Schutz wäre es unseren deutschen Regierungen auch ergangen, wie dem Königthum in Frankreich, das unter dem Sturm der durch die Lehren des Atheismus und Materialismus erzeugten Revolution zusammenbrach. „Möge — so schloß die Rede — der Sinn für die ewigen Wahrheiten in dem deutschen Volke allezeit stark genug sein, um die Elemente des Giftes zu überwinden, welches die Doktoren des deutschen Volkes ihm einflößen und welche die großen Meister der Wissenschaft in das deutsche Volk einzuführen bemüht sind! Wer diesen Wahrheitssinn des deutschen Volkes antastet, — der ist Vaterlandsverräther, der ist Hochverräther, der ist staatsgefährlich, der ist regierungsfeindlich — aber freilich — man erkennt dies nicht, und die Polizei sucht derartige Leute anderswo."

Es war damals meine Absicht gewesen, um die Erlaubniß zu bitten, dieser Versammlung beiwohnen zu dürfen und auf der Versammlung gegebenenfalls um Zulassung eines Wortes zur Abwehr zu bitten. Ich hatte das Zutrauen zu meinen katholischen Mitbürgern, daß meine Bitte gewährt worden wäre. Schon oftmals habe ich hinterher bedauert, erhobenen Bedenken wegen des Erfolges und der Schicklichkeit solchen Vorgehens nachgegeben zu haben. Ich hätte dann an den Herrn Domkapitular die einfache Frage gestellt, ob ihm nicht bekannt sei, daß David Strauß eben wegen seinen freieren Ansichten seine Universitätsstellung eingebüßt habe und in Verkennung der Freiheit der Wissenschaft leider auch von derselben ausgeschlossen geblieben sei? Ob es ihm ferner nicht bekannt sei, daß Strauß' neues Buch: „Der alte und der neue Glaube" die schärfste Gegnerschaft aus den Kreisen der Universitäts-Theologen und Philosophen hervorgerufen habe?

Ich würde von ihm schließlich gefordert haben, wenn er nicht als gewissenloser Verleumder dastehen wolle, die Namen der Männer an unserer Universität zu nennen, welche Atheismus oder Materialismus lehrten. Diesen Fragen gegenüber hätte der Herr Domkapitular verstummen müssen oder jedenfalls nur faule Ausreden vorzubringen gehabt, die bei dem von ihm gepriesenen Wahrheitssinn des katholischen Volkes in der Versammlung seinen Anklagen den Boden entzogen oder das Zutrauen zu ihrer Zuverlässigkeit doch wenigstens erschüttert hätten. Leider zeigte mir nun der Mainzer Katholikentag, daß der Herr Domkapitular aus sich selbst seit zwanzig Jahren auf diesem Punkte nichts anderes gelernt zu haben scheint, als sich seiner jetzigen höheren Stellung gemäß etwas vornehmer auszudrücken.

Wer nun weiß, welch tausendfaches Echo die großen Worte der Matadore dieser Partei unter den Parteigenossen zu finden pflegen, der wundert sich nicht über den vielfachen Wiederhall, den die Worte des Bischofs Dr. Haffner von Mainz auch über den Katholikentag hinaus gefunden haben. Zeugniß davon gab die Oktoberversammlung der Katholiken in Bonn sowohl wie die Novemberversammlung in Straßburg. Auf der Novemberversammlung in Straßburg besonders offenbarte der Reichstags-Abgeordnete Kanonikus Guerber, wie dieser Kampf sich auch um die Konfessionalität der Universitäten zu kümmern haben werde. An der dortigen Landes-Universität fand er vieles auszusetzen. Auch sie bedürfe eine Reform an Haupt und Gliedern. Wenn man nicht für eine besondere katholische Universität ebenfalls sechzehn Millionen Mark aufwenden wolle, so solle man doch wenigstens so viele katholische Professoren anstellen, als dies der konfessionellen Zusammensetzung der Bevölkerung des Reichslandes entspreche. Der Stadtrath Metz pries den Segen der katholischen Kirche, daß der Papst keine Bischöfe, und die Bischöfe keine Priester im Amte duldeten, welche die Gottheit Christi und das Evangelium leugneten, und wären es selbst Theologie-Professoren!

Das war offenbar ein Hieb nach der protestantischen Seite hinüber.

Den Gedanken dieses Ausfalls hat dann neuerdings ein Jesuit Paul von Hoensbroech nach seiner Art gründlicher ausgeführt in einer jüngst erschienenen Schrift: „Christ und Widerchrist. Ein Beitrag zur Vertheidigung der Gottheit Jesu Christi und zur Charakteristik des Unglaubens in der protestantischen Theologie",[2] zu welcher er sich das Material auf unserer Bonner Universitätsbibliothek erarbeitet hat.

Als Angelpunkte für das gesamte sittliche und geistige Leben des Menschen und der Menschheit bezeichnet die Schrift die Annahme einer unsterblichen Menschenseele, Gottes als Schöpfer, des Jenseits als Ortes der Vergeltung. Hell und klar sollen diese drei Grundwahrheiten nur im Christenthum leuchten, jede Trübung ihres Lichtes soll Unheil bringen. Nur die christliche Lehre von der alles leitenden Vorsehung Gottes, von der freiwilligen Armuth und von der harten Arbeit des menschgewordenen Gottessohnes, von dem ewigen Leben nach dem Tode und der ausgleichenden Gerechtigkeit im Jenseits vermöge dauernd den Frieden und das Glück zu bringen in die Werkstätten der Arbeit, in die Schachte der Bergwerke, in die Räume der Fabriken, in die Hütten der Armuth, kurz in die Herzen der arbeitenden, nothleidenden, armen Menschen. Also das Christenthum sei nothwendig gegen die drohenden Anstürme der Sozialdemokratie. Dies hätten unsere Verfassung, unsere Könige und Minister wiederholt feierlich anerkannt; aber auf der christlichen Grundlage unseres Staates habe sich allmählich das Antichristenthum aufgebaut. Dieses Antichristenthum rage hinein in alle Verhältnisse; es mache sich breit in Wort und Schrift.

„Es herrscht — schreibt der Jesuit von Hoensbroech — fast unumschränkt, in der „Wissenschaft"; buchstäblich thront es auf den Lehrstühlen der Hochschulen; Bildungsanstalten für die heranwachsende christliche Jugend stehen unter seinem Zeichen, und selbst die Theologie — die protestantische — ist ihm zum Opfer gefallen." Die Sozialdemokratie sei der Feind, aber die Mutter dieses Feindes, seine stärkste Beschützerin und mächtigste Hülfe sei das Antichristenthum in der „Wissenschaft". Das sei besonders gefährlich in einem Lande wie Deutschland, wo die wissenschaftliche Bildung so verbreitet und deshalb so einflußreich sei. Wolle der Staat praktisch Ernst machen mit der Anerkennung des Christenthums, so müsse er halten auf das Christenthum der Lehrer und der Lehre an den Bildungsanstalten des Staates. Sonst komme die christliche Jugend des sich christlich nennenden Staates, um aus dem Born der Wissenschaft, welchen der Staat selbst ihr anweise, zu schöpfen und gehe dann fort, vergiftet durch das Wasser des Unglaubens. Die so erworbene antichristliche Wissenschaft, kämpfend gegen die Sozialbemokratie, sei ein Ding der Unmöglichkeit, ein innerer Widerspruch. Daß diese moderne antichristliche Wissenschaft Mutter der Sozialdemokratie sei, habe der sozialdemokratische Führer Bebel in der Reichstagssitzung vom 16. September 1878, also schon vor vierzehn Jahren selbst bezeugt. „Die ganze moderne Wissenschaft — sagte derselbe damals — arbeitet uns in die Hände, dient unseren Zwecken, muß ihnen dienen." Professor Virchow habe gegen Professor Häckel ganz recht, der Darwinismus müsse nothwendig dem Sozialismus förderlich sein und der Sozialismus müsse schließlich zum Atheismus führen. „Wer hat denn aber — fragte Bebel — diese atheistischen Lehren, die Ihnen so viel Sorge und Verdruß machen, wissenschaftlich und philosophisch begründet? Waren das vielleicht Sozialdemokraten? Waren die Ebger und Bruno Bauer, die Feuerbach, die David Strauß, die Ernst Renan — waren das Sozialdemokraten? Das sind Männer der Wissenschaft.... Wir haben diese atheistischen Ansichten auf Grund unserer wissenschaftlichen Ueberzeugung adoptirt und halten uns für verpflichtet, sie weiter zu verbreiten und in die Massen zu tragen. Warum soll nun das, was auf der einen Seite erlaubt, auf der anderen Seite verboten sein?"

So die Folgerung Bebels. Der Jesuit von Hoensbroech folgert natürlich anders; eben weil diese Gottlosigkeit auf der einen Seite verboten wird, soll sie auch auf der anderen Seite verboten werden. Eine hülfreiche Hand dazu soll seine Schrift bieten in den Auszügen aus den Schriften von achtundzwanzig protestantischen Universitäts-Theologen, zu denen wegen seiner früheren Stellung auch noch der zur Beschwichtigung von theologischen Klagen aus der theologischen in die philosophische Fakultät versetzte Professor Bender in Bonn gerechnet und denen wegen seiner religionsgeschichtlichen Untersuchungen auch der Philologe Professor Usener in Bonn zugezählt wird, welche Auszüge beweisen sollen, daß alle diese Männer Christum verleugnen und mit Christum auch den göttlichen Vater nach 1. Johannes 1, 22: „Wer leugnet, daß Jesus ist der Christus, dieser ist der Antichrist, welcher leugnet den Vater und den Sohn."

Der Jesuit von Hoensbroech beschränkt sich darauf, die protestantische Theologie in ihren Hauptvertretern des Antichristenthums zu beschuldigen. Er halte sich an die Wissenschaft, deren Lebenszweck und Aufgabe es sei, die christliche Religion zu pflegen, auszubreiten und zu vertheidigen. Wenn es hieße: auf den Lehrstühlen der Philosophie, der Geschichte, der Chemie und Physik werde das Antichristenthum geprebigt, würden manche kurzsichtige Menschen vielleicht achselzuckend antworten: „Je nun, die Wissenschaft ist frei." Aber wenn es heiße: die Theologie sei abgefallen von ihrem Lebensberufe, die christlichen Theologen von Fach griffen das Christenthum an — dann müsse auch der Gleichgültigste aufgeschreckt werden aus seiner Ruhe.

Dieser Jesuit will also nur den ersichtlich wundesten Punkt unserer Hochschulbildung aufdecken, die Entchristlichung selbst der protestantischen Theologie. Das gleiche Verderben bei den Philosophen und Physikern übergeht er aber nur mit Stillschweigen, thatsächlich angenommen wird dasselbe auch hier.

Die in dieser Richtung laufenden Klagen hat neuerdings ein anderer Jesuit, der Pater Tilmann Pesch aus Exaeten bei Roermonde in Holland, ganz ebenso zum Ausdruck gebracht in der Vorrede zur zweiten Auflage seines zweibändigen Werkes: „Die großen Welträthsel, Philosophie der Natur."[3] Anknüpfend an eine kurze Abfertigung von Professor Wundts 1889 erschienem „System der Philosophie" bemerkt Pater Pesch, auf solcher modernen Philosophie des Pantheismus, die Gott nur als Weltwillen kenne, an welchem die Einzelwillen theilnehmen, wie sie von deutschen Universitätsprofessoren gehegt werde, beruhten auch die gefürchteten sozialdemokratischen Umsturzbestrebungen. „Der irreligiöse Sozialismus — schreibt derselbe — steht mit der Weltauffassung unserer gebildeten Stände, denen die Religion nur noch als Modeartikel, als Gemüthsbedürfniß — Befriedigung giebt, auf demselben Lebensgrunde. Es ist popularisirte Gottlosigkeit und damit zusammenhängende Ungebundenheit der Sitten. Fort und fort sucht man den revolutionären Umsturzbestrebungen die „Wissenschaft" als Grundlage unterzuschieben. Es ist dies aber keine andere „Wissenschaft", als jene falsche, auf welcher die moderne Welt — an der Spitze zahlreiche, vom Staate reich bezahlte Universitäts-Professoren — ihr babylonisches Kartenhaus aufgeführt hat."

Solche Klagen wie die des Jesuiten Hoensbroech über die protestantischen Universitäts-Theologen, die gewiß mit dem Hochgefühl: wir Katholiken sind doch bessere Menschen, niedergeschrieben sind, haben wir ja nun leider schon wiederholt auch aus evangelischem Munde hören und aus evangelischer Feder lesen müssen. An Stöcker brauche ich nur zu erinnern. Gerade jetzt ist in zweiter Auflage ein umfangreicheres Buch, als die Schrift des Jesuiten, von einem Herrn Pestalozzi erschienen, welches den Titel „Antichristenthum in alter und neuer Zeit"[4] führt und darauf ausgeht, den evangelischen Glauben von dem drückenden Einfluß der überflüssigen, dem Antichristenthum dienenden Wissenschaft zu befreien.

Die Entwickelung einer freier denkenden evangelischen Theologie auf den Universitäten ist der evangelischen Orthodoxie längst ein Dorn im Auge, ein Gegenstand andauernden Schmerzes und häufiger Klage.

Auch sind bekanntlich längst aus dieser Klage die Forderungen hervorgegangen auf eine Mitwirkung der Kirche bei der Besetzung der Lehrstühle der evangelischen Theologie und auf eine kirchliche seminaristische Vorbereitung und spätere entsprechende Ueberwachung der Lehrwirksamkeit ihrer Vertreter.

Besonders lebhaft sind nun jetzt diese Klagen und Forderungen wieder hervorgetreten bei dem Fall Harnack.

Der Fall ist kurz berichtet folgender. In Württemberg fühlte sich ein junger, wissenschaftlich tüchtig ausgebildeter, für sein Amt begeisterter Pfarrer Schrempf durch sein Gewissen gedrängt, seiner Gemeinde zu erklären, daß er es mit seiner Ueberzeugung nicht mehr vereinigen könne, das apostolische Glaubensbekenntniß bei der Taufe zu gebrauchen. Seine Gemeinde verklagte ihn deshalb beim Konsistorium, und dieses glaubte genöthigt zu sein, ihn „wegen Verfehlung wider die übernommene Dienstpflicht" abzusetzen. Dieser Fall Schrempf veranlaßte nun mehrere Studenten der theologischen Fakultät in Berlin, sich mit Hinweis auf solche Nothlage für ihre Zukunft an ihren Lehrer, Professor Harnack, mit der Anfrage zu wenden, ob es für sie wohl angemessen sein möchte, mit der Bitte um Entfernung des apostolischen Glaubensbekenntnisses aus der Verpflichtungsformel des Geistlichen und aus dem gottesdienstlichen Gebrauch sich an den evangelischen Oberkirchenrath zu wenden. Harnack erklärte offen, daß eine solche Eingabe noch lernenden Jünglingen nicht wohl zieme, für sie bedenklich und jedenfalls erfolglos sein werde, doch gab er eben so offen zu, daß ein in das Verständniß des Evangeliums eingedrungener und durch kirchengeschichtliches Studium gebildeter Christ mit gutem Grunde Anstoß an mehreren Sätzen des Apostolikums nehmen müsse.

Diese den Studenten gegebene Antwort ward infolge veröffentlichter Angriffe in vollem Wortlaute in der „Christlichen Welt" Nr. 34 vom 18. August v. J. veröffentlicht.

Das rief nun einen neuen Sturm der alten Klagen und Forderungen hervor.

Der Vorstand der evangelisch-lutherischen Konferenz in der preußischen Landeskirche und die Vorsitzenden der lutherischen Vereine in den Provinzen haben sich mit diesen Klagen gegen Harnack erhoben. Harnack sah sich durch diese erneuten heftigen Angriffe auf seinen theologischen Standpunkt und seine Person veranlaßt, in einer kleinen Schrift einen geschichtlichen Bericht über das apostolische Glaubensbekenntniß zu geben.[5] Aus der Darlegung des Entstehens, der Ausbreitung und der Annahme dieses Glaubensbekenntnisses läßt er als natürliche Schlußfolgerung sich ergeben, daß es nicht dem Buchstaben nach das Glaubensgewissen eines Christen binden könne, daß eine dem christlichen Glauben entsprechende Aenderung durchaus als zulässig gelten müsse.

Diese Schrift hat seitens anderer namhafter Theologen Zustimmungsschriften hervorgerufen, selbstverständlich auch Gegenschriften, und jeder Tag bringt neues von beiden Seiten. Auch in der Presse hat dieser Fall die schon wiederholt lebhaft erörterte Frage nach der Beibehaltung oder Aenderung des Glaubensbekenntnisses abermals aufgeregt, und die Presse der Strenggläubigen läutet zum abermaligen Sturm gegen die Universitätstheologen als Verleugner des Christenthums. Mit erneuter Kraft wird Mitwirkung der Kirche bei der Besetzung der Universitätsprofessuren gefordert, und falls der Oberkirchenrath die Absetzung solcher widerchristlichen Professoren nicht zu bewirken im stande sei, solle er doch wenigstens mit einem Verbote des Besuches ihrer Vorlesungen seitens der zukünftigen Theologen des Landes vorgehen. Alle diese Gegner beklagen mit Stöcker, daß man leider wegen des üblen Verfassungsparagraphen von der Freiheit der Wissenschaft und ihrer Lehre den Universitätsprofessoren so leicht nicht beikommen könne, wie den Pfarrern im Amte.

Wie steht es nun mit der Berechtigung zu diesen Anschuldigungen der Universitäten in Betreff ihrer Gottlosigkeit und ihres Antichristenthums? Auf diese Ketzerfrage muß doch wohl zuerst darauf hingewiesen werden, daß die allermeisten Universitätslehrer als solche ihrem Berufe nach gar keine Stellung zu nehmen haben zu den Problemen des religiösen Glaubens. Einem jeden Lehrer ist nach innerer Neigung und nach dem auf Grund dieser Neigung erworbenen Wissen dasjenige Lehrfach zugewiesen, dem er seine Kraft des Forschens und des Lehrens zu widmen hat. Wer die Verhältnisse kennt und diese Kenntniß nicht verleugnen will, wird zugestehen müssen, daß solche Fachbegrenzung bei den allermeisten Lehrern der deutschen Hochschulen bis zu einer fast übertriebenen Einseitigkeit innegehalten wird. Die allermeisten Fachprofessoren spüren demgemäß gar keinen Beruf, sich über Gott und göttliche Dinge auszulassen. Man weiß daher selbst im nahen Verkehre oftmals kaum, wer Protestant oder Katholik ist. Der Astronom stellt demnach bei seinen Berechnungen der Himmelsbewegungen Gott nicht mit in die Rechnung; er entdeckt — um mit Laplace zu reden — bei seinen Himmelsbeobachtungen Gott nicht und braucht auch Gott nicht bei seinen wissenschaftlichen Erklärungen; — darum aber mag er doch vielleicht mit andächtiger Seele den herrlichen Lobgesang hören: „Die Himmel rühmen des Ewigen Ehre." Die Zoologen und Botaniker von Fach halten es allerdings nicht mehr für eine Sache ihres wissenschaftlichen Berufes, eine Insektentheologie oder eine Schildkrötentheologie zu schreiben, d. h. in einem dickleibigen Buche aus der zweckmäßigen Einrichtung der Insekten- oder Schildkrötenleiber oder aus der zweckmäßigen Samenlage des Kirschkernes die hohe Weisheit Gottes zu erweisen; aber ebenso wenig werden sie es für ihren Beruf halten, aus den nachweisbaren Unvollkommenheiten, die natürlich in gewisser Hinsicht als Unzweckmäßigkeiten zu betrachten sind, Beweise zur Bestreitung des Glaubens an Gott zu entnehmen. Selbst die Darwinisten unter ihnen brauchen als Männer von Fach so weit nicht zu gehen und werden dies als solche auch nicht thun, wie denn ja auch Darwin selbst mit einer gewissen religiösen Scheu vor dem Endpunkt der Erklärung stehen bleibt. Daraus erklärt sich hinreichend, daß die Schriften Darwins bis jetzt noch nicht gewürdigt sind, in die Liste der vom Index verbotenen Bücher aufgenommen zu werden. Daraus erklärt sich auch, daß sich unter den Vertretern des von den priesterlichen Schreiern verhöhnten Darwinismus auf den Lehrstühlen der Universitäten mitunter sonst kirchlich hoch verehrte, gut katholische Professoren befinden. Auch die Geologen der Universitäten werden es kaum noch für ihren Beruf halten, sich in ihren Lehrbüchern oder in ihren Lehrstunden mit der biblischen Schöpfungsgeschichte auseinander zu setzen, sie werden freilich wohl nicht nach den Schöpfungstagen das Werden der Dinge auf Erden darstellen; aber sie werden die biblische Schöpfungsgeschichte auch nicht mehr bekämpfen und gewiß gar keinen Beruf spüren, sich mit den Schwierigkeiten des Schöpfungsbegriffes selbst abzumühen und aufzuhalten. Daß Professoren der Mathematik in ihren Vorlesungen oder in ihren Schriften sich damit beschäftigt haben, die Möglichkeit oder Unmöglichkeit der Dreieinigkeit zu beweisen, ist mir nicht bekannt geworden. Unsere Philologen ferner werden es gewiß nicht mehr als ihre Berufspflicht ansehen, wenn sie von den Götteridealen des Alterthums reden, hervorzuheben, daß das Christenthum uns einen reineren Gottesglauben gebracht hat, — oder, wenn sie von Sokrates sprechen, hervorzuheben, daß Sokrates doch beileibe nicht Christus gleich zu stellen sei; aber als Heiden, als Verehrer der alten Götter werden sie darum doch nicht gelten wollen. Sie werden solche durch ihr Fachwissen nicht gebotene religiöse Beziehungnahme als geschmacklos, vielleicht selbst als bedenkliches Zeichen einer

Lippenfrömmigkeit, die den Namen Gottes und Christus unnützlich im Munde führt, vermeiden; aber sie werden auch nicht im hellenischen Götterhimmel mit religiösem Behagen umherschwärmen, wie dies zur Zeit der Humanisten mit den Freigeistern derselben zusammen selbst Bischöfe und Päpste gethan haben. Juristen von Fach mögen im Strafrecht jetzt erwägen, ob die gesetzlichen Strafbestimmungen für Gotteslästerung oder für Beschimpfung der Einrichtungen und Gebräuche einer staatlich anerkannten Religionsgesellschaft zu Recht bestehen oder nicht, angemessen sind oder nicht, einige mögen auch die Ansicht vertreten, daß solche Strafbestimmungen überhaupt überflüssig oder schädlich sind; aber es ist mir nicht bekannt, daß sie dies etwa selbst gottes- und kirchenlästerlich mit der Behauptung begründen, der Gottesglaube und alles Kirchenthum sei Unsinn und Aberglaube. Untersuchungen und Erörterungen über Gottesglauben und Kirchenglauben werden gottlob wissenschaftlich als nicht zur Jurisprudenz gehörig betrachtet. In der Zeit, als ich Medizin studirte, pflegte sowohl in den Vorträgen über Anatomie und Physiologie wie auf dem Secirsal nicht für und nicht gegen das Dasein einer besonderen Seele im Leibe und die Unsterblichkeit der Seele gesprochen zu werden, und so weit meine Kenntniß reicht, ist das auch heutzutage noch nicht anders.

Kurz, die Männer von Fach halten sich zumeist streng wissenschaftlich an ihr Fach und überschreiten in der Regel ihr Gebiet nicht, um in Betreff des Gottesglaubens und des Christenthums pro oder contra zu reden. Dies überlassen sie fachgemäß den Theologen und Philosophen zugleich aus Achtung vor der Wissenschaft wie aus Achtung vor der Religion, nicht aus Gleichgültigkeit gegen sie. Es ist daher auf alle Fälle, wie es im Punkte des Glaubens auch mit diesen Fachlehrern stehen mag, durchaus ungehörig, kurzweg von dem Atheismus und dem Antichristenthum der Universitäten zu reden, obschon dabei die bei weitem größte Zahl der Lehrer gar nicht in Betracht kommen kann.

Denkbar wäre es nun aber freilich, daß hin und wieder Fachgelehrte dennoch ihr Fachgebiet überschritten und sich dabei als Atheisten, Materialisten und Antichristen offenbart hätten. Wie soll es nun nach der Anschuldigung damit stehen? und wie steht es ferner namentlich mit den Philosophen und Theologen?

Die Ankläger der Universitäten haben wiederholt auf Männer der Wissenschaft, wie David Strauß, L. Feuerbach, Bruno Bauer, K. Vogt, Moleschott, L. Büchner, Dubois-Reymond und Häckel, als solche Universitätssünder hingewiesen

Was ist auf diese Anklage zu erwidern? Zunächst, daß diese genannten Männer, mit Ausnahme der beiden Letzteren, Dubois und Häckel, ihre Grenzüberschreitungen oder ihre religiöse Stellungnahme mit Entfernung von der Universität in Deutschland haben büßen müssen und zwar leider meist unter Mitwirkung der betheiligten Universitätsbehörden bei den Absetzungsbeschlüssen der Regierungen. Das gesprochene Leider wird noch seine Erklärung finden. Der Hinblick auf diese Männer würde also unsere Gegner geradezu veranlassen müssen, in ihrem Sinne die Universitäten und die Regierungen dafür zu loben, daß sie noch auf das Halten am Gottesglauben und am christlichen Bekenntnißglauben Gewicht legen und solche Ketzer nicht mehr, um mit K. Vogts Worten zu reden, aus der Staatskrippe zehren lassen.

Die Gegner werden erwidern, so sei es allerdings in der schönen Zeit gehalten worden, als in der preußischen Verfassungsurkunde noch nicht die Freiheit der Wissenschaft und ihrer Lehre grundgesetzlich anerkannt worden sei und dementsprechend auch in den andern deutschen Staaten noch keine anerkannte Geltung gehabt habe. Jetzt würden alle die genannten, früher abgesetzten Männer der Wissenschaft unbehelligt gefeierte Größen an den Universitäten sein und bleiben, wie dies Dubois-Reymond und Häckel und noch manche Andere zu nennende hinreichend bewiesen.

Gott sei Dank haben sie darin Recht, daß man heutzutage seitens der Regierungen mit solchen Absetzungen nicht mehr so rasch bei der Hand ist wie damals und daß auf Mitwirkung der Universitäten dabei hoffentlich nicht mehr wie früher zu rechnen sein würde. Aber immerhin sind doch thatsächlich die zumeist genannten Männer in betreffender Zeit nicht mehr Lehrer an deutschen Universitäten gewesen und können daher nicht fortwährend noch hinterher als Zeugen der jetzt vorhandenen Gottlosigkeit und Widerchristlichkeit der Universitäten aufgeführt werden. Ueberdies aber weiß jeder Kenner der Verhältnisse, daß die genannten Männer die schärfste Gegnerschaft und, so weit dies möglich, wissenschaftliche Widerlegung gerade seitens der anders denkenden Universitätslehrer gefunden haben. Zu den tausenden 'Wir, in deren Namen David Strauß glaubte erklären zu können, daß wir nicht mehr an Gott glauben und daß wir keine Christen mehr sind, haben viele Lehrer an Universitäten offen erklärt, nicht gerechnet sein zu wollen, und haben diese ihre Stellungnahme mit wissenschaftlicher Begründung zur Widerlegung von Strauß Behauptung durch Wort und Schrift vertheidigt. Von den klagenden Gegnern haben sicherlich nicht viele ein Gleiches geleistet.

Den Anklägern bleiben also vor der Hand von den bis jetzt zumeist angeschuldigten nur Dubois-Reymond und Häckel zur Begründung ihrer Anklage. Es kann mir nicht in den Sinn kommen hier, Recht oder Unrecht dieser Klage genau abzuwägen; es sei nur an einiges klar Vorliegende erinnert.

Mag Dubois-Reymond vielleicht hin und wieder

einmal in Ueberschreitung der Grenzen seines Fachwissens sich etwas weit vorgewagt haben mit Aeußerungen über Gebiete des Glaubens, so steht doch viel sicherer fest, daß gerade er unter den Naturforschern neuerdings am entschiedensten mit seinem Ignorabimus die Grenzen unseres Wissens und Wissenkönnens hervorgehoben und sich dadurch von den wissenschaftlich unberechtigten Grenzüberschreitungen des Materialismus frei gemacht und offen losgesagt hat. Mit solcher Wissensbescheidung hat sich freilich Häckel, von kühnerer Wissenshoffnung erfüllt, nicht einverstanden erklärt und hat demgemäß, die Gebiete seiner zoologischen Forschung überschreitend, wiederholt in seinen Aeußerungen sich auf Gebiete des Glaubens weit verstiegen. Wiederholt hat ihm dies den Vorwurf der Gottlosigkeit eingetragen. Häckel hat auf diese Angriffe schon im Vorwort zu seiner Schöpfungsgeschichte selbst folgendes geantwortet.[6] Er anerkenne die Einheit der gesamten Natur und des in ihr überall wirksamen göttlichen Geistes, damit verliere er zwar die Hypothese eines persönlichen Schöpfers, gewinne aber dafür die unzweifelhaft erhabenere und vollkommenere Vorstellung eines das All durchdringenden und erfüllenden göttlichen Geistes. — „Wenn man — schreibt Häckel — diesen Monismus, der unsere ganze „natürliche Schöpfungsgeschichte" durchbringt, als „Pantheismus" verketzern will, so werden wir uns über diesen Vorwurf mit Giordano Bruno und Spinoza, mit Lessing und Goethe trösten müssen und können dagegen nichts Besseres erwidern, als was Goethe in einem kürzlich veröffentlichten Briefe an Jacobi schrieb: — „Was ihr lieben Leute mit dem „außer der Welt" existirenden Gotte wollt, begreife ich nicht; existirt Gott nicht in der Welt, überall in der Welt, und zwar überall ungemessen ganz und untheilbar (denn die ganze Welt ist nur eine Erscheinung seiner Größe für uns erscheinende Gestalten), so ist er nirgend. — Gott ist das höchste, lebendigste, thätigste Eins — nicht in allen Dingen, als ob die außer ihm wären, sondern durch alle Dinge, die nur als sinnliche Darstellung für sinnliche Geschöpfe erscheinen."

>Was wär ein Gott, der nur von außen stieße,
>Im Kreis das All am Finger laufen ließe!
>Ihm ziemt's, die Welt im Innern zu bewegen,
>Natur in Sich, Sich in Natur zu hegen,
>So daß, was in Ihm lebt und webt und ist,
>Nie seine Kraft, nie seinen Geist vermißt.

Häckel stellt damit die Berechtigung, ihn einen Atheisten zu nennen, in Abrede, bekennt sich aber offen zum Pantheismus, zu dem Glauben an einen innerweltlichen Gott, zu dem Glauben, für den Gott und Welt eins sind.

Gewiß ist Häckel als Lehrer der Zoologie zur Vertretung solchen Glaubens nicht gerade berufen; soll ihm aber, abgesehen davon, das Recht abgesprochen werden, als Lehrer der Universität eine solche Weltanschauung zu vertreten, so muß folgerichtig die Philosophie aufhören, eine lehrbare Universitätsdisciplin zu sein. Der Pantheismus ist gewiß durchaus nicht die einzig mögliche Weltansicht, zu welcher die Philosophie führt; aber es muß denn doch der freien Vernunftüberlegung die Freiheit gelassen werden, sich auch zu dieser Weltansicht zu bekennen. Die freie Wahrheitsforschung der Philosophie kann keinerlei andere Autorität als für sie bindend anerkennen als die durch ihre eigene Vernunft geforderte, ohne sich selbst aufzugeben. Die Zeit, da die Philosophie als Magd im Dienste der Theologie stand, um die kirchlich festgestellten Dogmen vernünftig zu erklären, ist vorüber, und ein solcher Magddienst läßt sich nicht mehr erzwingen. Eine Hülfsleistung seitens der Philosophie hat jetzt nur noch Werth, sofern und soweit dieselbe freiwillig geboten wird.

Wie steht es denn nun unter diesem Freiheitsverhältniß thatsächlich mit unseren Universitätslehrern der Philosophie? Ist

Grund vorhanden, kurzweg zu reden, als bekennten sie alle insgesamt sich zum Atheismus oder auch nur zum Pantheismus?

Daß einer der jetzt im Amte befindlichen Universitätslehrer sich in Schrift oder Wort offen zum Atheismus bekannt hätte, ist mir nicht bekannt, oder vielmehr, ich weiß bestimmt, daß dies nicht der Fall ist. Zum Pantheismus aber freilich hat sich noch unlängst einer dieser Lehrer offen und bestimmt bekannt, dadurch auch eine laute Klage in der bayerischen Kammer hervorgerufen. Es ist dies Professor Volkelt in Würzburg.[7] Derselbe hat in Wort und Schrift offen die Ansicht vertreten, daß die Philosophie zur Erkenntniß Gottes als des einheitlichen geistigen Grundes aller Dinge führen müsse, daß ihr aber wunderthätiges Eingreifen und andere Vermenschlichungen Gottes als entbehrlich gelten müßten. Hätten wir aber nur die Gewißheit, daß Gott der geistige Urquell alles Lebens sei, die Gewißheit, daß die Welt allenthalben die Tiefe und Herrlichkeit dieses Urgrundes offenbare, so könne sich auf diesem Boden, auch ohne übernatürliche Zusätze, innige Lebensgemeinschaft mit Gott, also Religion, entwickeln. Diese Zukunftsreligion aber freilich werde sich nicht als reine Lehre Jesu aus dem Evangelium entwickeln laßen, dieselbe werde sich vielmehr vom Christenthum durch ihren Pantheismus unterscheiden. Dieser Lehrer der Philosophie hat sich damit also offen zu einem mit dem Christenthum unvereinbaren Pantheismus bekannt.

Der Jesuitenpater Pesch behauptet in dem Vorwort zu seinem Buche über die großen Welträthsel kurzweg ein gleiches auch von Wundt.[8] Derselbe verharre schließlich bei seinem Pantheismus — behauptet Pesch —, nur daß er demselben eine etwas veränderte Maske vorbinde. Die Ursache müße der Wirkung stets ganz gleichartig sein. Der Weltgrund könne nicht völlig losgelöst von dem Weltinhalte gedacht werden.

Wie überall der Grund in der Folge nur dadurch wirksam sei, daß er selbst in sie eingehe, so sei auch die Weltentwickelung selbst als Entfaltung des göttlichen Willens zu denken. Gott sei der Weltwille, an welchem die Einzelwillen theilnehmen. — Diese Aeußerungen Wundts sollen uns genügen zur Kennzeichnung seines Pantheismus und damit zugleich zur erschreckenden Klarstellung der vollendeten Impotenz der modernen Philosophie. So leichten Kaufes ist nach meiner Ansicht weder das Eine noch das Andere zu beweisen. Wundt vertritt in seinem „System der Philosophie" S. 439 die Ansicht, „die Gottesidee bestehe in der Forderung eines Grundes zu dem als letzte Folge aller menschlichen Entwickelung vorausgesetzten sittlichen Menschheitsideal und in der Erweiterung der bloß relativen Unendlichkeit jener Folge in dieser ihrer Rückbeziehung auf den Grund zu einer absoluten Unendlichkeit. In dieser Beziehung behalte der Ausspruch Kants seine Geltung, der einzig mögliche Beweis für das Dasein Gottes sei der moralische". — „Der Weltgrund — fährt dann Wundt fort (S. 442) — kann nicht völlig losgelöst von dem Weltinhalte gedacht werden. Er kann diesem als das Prinzip aller Weltentwickelung gegenübergestellt werden, aber er kann niemals als in dieser Entwickelung selbst Aeußerliches angenommen werden. Wie vielmehr überall der Grund in der Folge nur dadurch wirksam ist, daß er selbst in sie eingeht, so ist auch die Gottesidee nur durchführbar, wenn Gott als Weltwille, die Weltentwickelung als Entfaltung des göttlichen Willens und Wirkens gedacht wird. Das ist die Wahrheit des Lessingschen Wortes, man könne sich wohl Gott außerhalb der Welt, nimmermehr aber die Welt außerhalb Gottes denken. Damit geht die Gottesidee über in die Idee eines höchsten Weltwillens, an welchem die Einzelwillen theilnehmen, und neben dem ihnen doch eine eigene, selbständige Wirkungssphäre zukommt, ähnlich wie sie eine solche neben den

(447)

beschränkten empirischen Formen des Gesamtwillens besitzen."
— Das klingt denn doch in diesem Zusammenhange etwas anders, als in dem kurzen Auszug des Pater Pesch. Werden die Einzelwillen mit eigener, selbständiger Wirkungssphäre von dem Weltwillen abgegrenzt, so hat selbstverständlich auch der Weltwille eine selbständige Bedeutung außer ihnen, verausgabt sich nicht ganz in den Einzelwillen. Die Einzelwillen erscheinen als Entfaltung und Wirkung des göttlichen Weltwillens, aber dieser bleibt etwas über ihnen stehendes für sich. Eine solche Ansicht kann nur von einem oberflächlichen Leser kurzweg als Pantheismus bezeichnet werden. Ob oder wiefern dies zulässig sein kann, erfordert jedenfalls erst eine weitere, nicht leichte Prüfung. Wundt aber will offenbar diese seine Ansicht vom naturalistischen Pantheismus ebenso unterscheiden wie vom Materialismus, der nach seiner Ansicht zum Atheismus führt. Er bezeichnet den von ihm nicht getheilten naturalistischen Begriff des Seins als Grundirrthum beider Richtungen und behauptet, wenn der Pantheismus die Welt zugleich Gott nenne, so sei dies nur eine zufällige Anpassung an die Vorstellungen des religiösen Glaubens, und wenn sich eine solche Anpassung weiterhin mit der Aufnahme anderer Bestandtheile verbinde, die wirklich dem Gebiete der religiösen Ideen angehören, so seien dies äußere, an sich fremdartige Beimengungen. Wundt will also doch offenbar seinen moralischen Gottesglauben vom Pantheismus unterscheiden; er versucht auch, denselben in freundliche Beziehung zum reinen christlichen Glauben zu setzen. Man kann bei diesem Standpunkt letzte Klarheit vermissen, aber man kann den Vertreter nicht kurzweg ohne Beweis zu den Pantheisten zählen.

Es ist nun möglich, daß noch andere jetzt lehrende Professoren der Philosophie ein ähnliches Bekenntniß wie Professor Volkelt ablegen könnten; mir ist aber nicht bekannt, daß dies offen und klar geschehen ist, und ich weiß daher nicht, woher die Gegner das Recht zu ihrer Behauptung nehmen wollen, so dächten Alle. Dagegen weiß ich sehr bestimmt, daß dies nicht der Fall ist. Daran erinnert als Kundiger auch Volkelt selbst in seinem Buche „Vorträge zur Einleitung in die Philosophie der Gegenwart"; er nennt die philosophischen Universitätslehrer, welche abweichend von ihm die Ansicht vertreten haben, es müsse auf das reine Evangelium, auf das Leben und die Lehre Jesu zurückgegangen werden, nur die dogmatische Ausbildung des Christenthums sei preiszugeben; nur auf diese Weise sei eine Versöhnung zwischen dem Christenthum und unserer Kultur möglich. Zu dieser Auffassung hätten sich im wesentlichen Lotze in Göttingen, Carriere in München, Seydel in Leipzig, Eucken in Jena und Andere bekannt. Es wäre mir ein Leichtes noch Andere zu nennen, so vor allem den jüngst verstorbenen Ulrici in Halle und den jüngeren Fichte in Tübingen, welche den Theologen zur Begründung eines vernünftigen Christenthums freiwillig, aus eigenem Glaubenstrieb hülfreiche Dienste geleistet haben.

Ich selbst habe aus einer solchen freieren Stellung zum Christenthum niemals ein Hehl gemacht, weder in meinen Schriften, noch in meiner Lehre, habe dafür denn auch die öffentlichen Anfeindungen aus den Lagern der Strenggläubigen beiderlei Konfessionen geduldig ertragen. Nur habe ich es mir jederzeit öffentlich verbeten, zu den Atheisten oder Pantheisten oder zu den Widerchristen gezählt zu werden, d. h. zu Denen, die das Christenthum bekämpfen, also selbst nicht Christen sein wollen. Vielmehr habe ich mich offen stets zu Denen gestellt, die überzeugt sind, daß sie dem Glauben nach bessere Christen sind als die buchstabengläubigen Bekenntnißchristen.

Zu einer Klage über die verbreitete Gottlosigkeit und das Antichristenthum der Philosophen auf Universitäten ist also nach der dargelegten Sachlage mit Recht gar nicht zu reden.

Mit der Glaubensstellung der Lehrer der Philosophie auf deutschen Universitäten steht es nach meiner Kenntniß der Verhältnisse thatsächlich folgendermaßen.

Ein Theil dieser Lehrer beschränkt sich auf die Pflege besonderer philosophischer Disciplinen und berührt die Probleme des Glaubens gar nicht. Diese Männer verhalten sich also in Wort und Schrift der Religion gegenüber ebenso zurückhaltend wie die übrigen Fachgelehrten. Andere, insbesondere die katholischen Professoren der Philosophie, werden offenkundig auf dem Standpunkte des christlichen Bekenntnißglaubens stehen. Unter den Professoren der Philosophie besitzen wir in Preußen auch drei Juden, welche an ihrem Gottesglauben halten. Zum Atheismus bekennt sich meines Wissens keiner, zum Pantheismus mehr oder weniger deutlich wahrscheinlich mehrere. Die übrige Mehrzahl aber sucht in freier Wahrheitsforschung nach einem mit dem Christenthum vereinbaren Gottesglauben oder glaubt selbst einen solchen befriedigenden Standpunkt schon gefunden zu haben und wissenschaftlich begründen zu können. Diese Mehrzahl sucht den reinen Gottesglauben auf christlichem Grunde, ist aber überzeugt, daß derselbe auf dem Boden eines starren Bekenntnißglaubens nicht zu finden ist. Mit ihrer Hülfsleistung zur Befreiung von demselben glaubt diese Mehrzahl der wahren Religion Christi und damit zugleich dem Wohle der Menschheit den höchsten Dienst zu erweisen.

Diese Philosophen betrachten sich in dieser Beziehung als Helfer im Kampfe der freieren christlichen Theologen mit dem starren Bekenntnißglauben und freuen sich daher, daß trotz der Ungunst der Zeit, unter dem Drucke der herrschenden Kirchengewalt anderer Richtung in der Wissenschaft diese freiere Richtung unter den Theologen unverkennbare Fortschritte gemacht hat und noch macht. Was für den Jesuiten v. Hoensbroech und seine evangelischen Gesinnungsgenossen ein Gegenstand besonderen Schmerzes und nachdrücklicher Klage ist, daß sich bereits achtundzwanzig solche Vertreter des Unglaubens unter den protestantischen Universitätstheologen aufweisen lassen, ist für die Philosophen genannter Richtung und hoffentlich auch für viele Andere, die durchaus nicht gesonnen sind, auf den Namen von Christen zu verzichten, ein Gegenstand besonderer Freude und zuversichtlicher Hoffnung auf Zunahme der reineren und freieren Erfassung des wahren Christenthums über dem starren Bekenntnißglauben hinaus. Das Recht, sie Widerchristen zu nennen, werden alle diese Theologen mit jenen Philosophen zusammen sich ernstlich verbitten und das Recht dazu mit guten Gründen bestreiten können.

Unter den Namen dieser Theologen nimmt selbstverständlich auch der Name Professor Harnacks eine hervorragende Stelle ein, der nun unlängst noch ganz besonders den Zorn der strenggläubigen Gegner hervorgerufen hat durch seine offenen Erklärungen über die Bedeutung des apostolischen Glaubensbekenntnisses nach seiner Entstehung, Ausbreitung und kirchlichen Geltung. In seiner Schrift wiederholte Harnack den schon vor Jahren von ihm gegebenen Nachweis, daß dieses Bekenntniß den Namen eines apostolischen Bekenntnisses nur auf Grund einer historisch unbegründeten Legende erhalten hat, daß dieses Bekenntniß das einigende Bekenntniß der gesamten Christenheit mit Unrecht genannt wird, weil es niemals das Bekenntniß der griechischen Kirche gewesen ist, daß selbst in der abendländischen Kirche vor demselben ein anders formulirtes römisches Bekenntniß vom dritten bis zum fünften Jahrhundert gegolten hat, daß dagegen vom Ende des zweiten Jahrhunderts bis zum neunten Jahrhundert und länger die anderen abendländischen Kirchen Taufbekenntnisse besessen haben, die sich zwar sämtlich als Töchter des alten römischen erweisen, aber von demselben doch durch mehr oder weniger zahlreiche Zusätze sich unterscheiden, daß eine dieser Töchterrecensionen des alten römischen Bekenntnisses uns vorliegt in dem um das Jahr 500 gebildeten südgallischen Bekenntniß, welches durch die Beziehungen der Karolinger zu Rom in die damalige Welthauptstadt kam, dort angenommen und von dort aus gewissermaßen als neu römisches Symbol unter dem alten Namen des apostolischen Glaubensbekenntnisses in allen Ländern des Abendlandes ausgebreitet ist; daß endlich dieses Glaubensbekenntniß aus der katholischen Kirche von Luther auch in die protestantische Kirche mit hinübergenommen, aber unter entschieden anderer Auslegung mehrerer Punkte als die in der katholischen Kirche geltende war, wie z. B. bei der Gemeinschaft der Heiligen und der Auferstehung des Fleisches; und daß nach diesem ganzen historischen Verlauf des Werdens und Geltens des sogenannten apostolischen Glaubensbekenntnisses für die Evangelischen wenigstens gar kein Grund vorliegt, in diesem Bekenntniß den auch jetzt noch unabänderlich genügenden Ausdruck christlichen Glaubens zu finden, daß somit die schon wiederholt innerhalb der evangelischen Kirche erwogene Idee, zur Befreiung bedrückter Gewissen eine angemessenere Formulirung des evangelischen Glaubens zu suchen, durchaus berechtigt und die Wiederaufnahme dieser Idee in unserer Zeit aus Gründen des Glaubens durchaus nicht von der Hand zuweisen ist.

Dieser Ansicht Harnacks haben bereits eine Anzahl von Universitätstheologen und praktischen Theologen im Dienste ihrer Kirche zugestimmt.[9]

In der evangelischen und vielleicht auch in der katholischen Laienwelt werden Tausende in diesem Vorgehen der Wissenschaft eine dankbar anzuerkennende Arbeit erkennen zur Ebnung des Bodens für die Gewinnung einer dem gegenwärtigen Christenglauben entsprechenden Formulirung ihres Bekenntnisses. Die

Zahl Derer, die sich auch heute noch mit Freuden und mit klarem Bewußtsein Christen nennen wollen, deren Gewissen aber aus innerstem Wahrheitssinn durch das geltende Glaubensbekenntniß bedrückt wird und die sich eben deshalb stillschweigend vom kirchlichen Leben fernhalten, ist sichtlich groß. Manche werden gerade durch diesen Zwiespalt der religiösen Gleichgültigkeit, Manche auch wohl dem Unglauben in die Arme getrieben. Aus den Kreisen der Sozialdemokratie ist dies wiederholt offen bezeugt worden,[10] gerade der strenge Konfessionalismus in der Schule hat sie ins Lager der Religionsspötter und Religionsfeinde getrieben. Nicht weitere Uebertreibung starren Haltens am Bekenntnißbuchstaben kann hier helfen, sondern allein duldsame Oeffnung des Bekenntnißthores mit einer Inschrift, die nur das wesentlich Gemeinsame festhält, unter dem sich Alle vereinigen können, die auf den Namen von Christen nicht verzichten wollen und die es nicht ansicht, wenn dann die Einzelnen, je nach ihrer Richtung unter diesem wirklich gemeinsamen, nicht bloß irrthümlich gemeinsam genannten Bekenntnis im einzelnen etwas mehr oder etwas weniger glauben als sie oder selbst das Gemeinsame noch etwas verschieben fassen. Nicht gesteigerte Engherzigkeit, sondern nur gesteigerte Weitherzigkeit im Glauben kann unsere Zeit zu dem religiösen Friedenszustand führen, den wir Alle ersehnen. Versuche zu einer solchen Reform des Bekenntnisses durch ein neues Ordinationsformular sind ja nun auf dem Boden der evangelischen Kirche in den vierziger Jahren schon gemacht und zu einem die verschiedenen Parteirichtungen der 1846 berufenen Generalsynode befriedigenden kirchlichen Abschluß geführt worden.

Dies Formular war von dem kirchlich hochgeschätzten Bonner Professor und Prediger Nitzsch, der zugleich Assessor der rheinischen Provinzialsynode war, in streng biblischem Ausdruck entworfen. Das schon damals Vielen anstößige „Empfangen vom heiligen Geiste, geboren von der Jungfrau Maria", sowie das „Niedergefahren zur Hölle", „Eine heilige allgemeine christliche Kirche, die Gemeinschaft der Heiligen" und die Lehre von der Auferstehung des Fleisches waren ausgelassen. Andere Ausdrücke waren verinnerlicht und vergeistigt wiedergegeben. Dieser Ordinationsentwurf erregte anfangs einen Sturm des Widerspruchs auf der Generalsynode, den Linken ging er nicht weit genug und den Rechten viel zu weit. Die Ersteren ließen sich zuerst überzeugen, dann nach hartem Sträuben folgten die Anderen. Männer wie Dorner, Julius Müller, Sack, Bischof Ritschl vertheidigten den neuen Entwurf eifrig. Selbst Minister Eichhorn trat für denselben ein. Und schließlich ward dies neue Ordinationsformular nach einigen formalen Abschwächungen mit 48 gegen 14 Stimmen, also mit großer Mehrheit angenommen.

Nur an dem Widerstande des damaligen Königs Friedrich Wilhelm IV. hat es gelegen, daß diese Bestrebungen nicht zum Ziele führten. Der König besorgte, durch solche Reform möchte sich die evangelische Kirche noch weiter von der katholischen entfernen und dadurch sein romantischer Lieblingswunsch der Wiedervereinigung der Kirchen unter der altkirchlichen bischöflichen Verfassung noch schwerer erfüllbar sein.

Nitzsch' Hoffnungen gingen noch weiter. Er sprach gegen Freunde die Hoffnung aus, „daß die Kirche in zehn bis zwanzig Jahren, auch außerhalb der Ordination und ohne das Symbolum apostolicum abzuschaffen, theils an gewissen Tagen des Kultus, theils im katechetischen Unterrichte ein reicheres Symbolum evangelio-epistolicum zulassen und einführen werde". Wie er sich dieses reichere biblische Glaubensbekenntniß vorstellte, hat er später in seiner „praktischen Theologie" dargelegt.[10]

Muß man nun nicht im Hinblick auf solchen schon dagewesenen Verlauf stutzen und staunen, wenn heutzutage wissenschaftliche Arbeiten, welche die Wiederaufnahme solcher Bestrebungen auch nur erleichtern könnten, ohne sie bestimmt zu fordern, ein neues Geschrei über Unglauben oder Widerchristenthum heraufbeschwören?

Es liegt mir durchaus fern und auch ist nicht meines Amtes, hier im ganzen oder im einzelnen über Recht oder Unrecht der Stellungnahme Harnacks zum apostolischen Glaubensbekenntniß abzuurtheilen. Mir liegt nur daran hervorzuheben, daß es sich hier um thatsächliche Ergebnisse einer wissenschaftlichen Untersuchung handelt, deren Berechtigung man wohl mit guten Gründen, wenn man sie hat, bestreiten und widerlegen kann, aber unmöglich mit frommem Gejammer und Zetergeschrei über Unglauben und Widerchristenthum brandmarken und von der Hand weisen darf. Es kann auch nicht genügen, den ernsten Forschungen freidenkender Theologen gegenüber kurzweg zu fordern, wie dies der Jesuit von Hoensbroech thut, an dem historischen Christus, wie er in den Evangelien bezeugt sei, müsse unverbrüchlich festgehalten werden; wer dies nicht thue, der gehöre zu den Widerchristen. Keiner der genannten Theologen wird zugeben, daß er bei seiner Forschung anderes wolle; aber Alle werden behaupten, daß es eben deshalb darauf ankomme, wissenschaftlich zu ergründen, was denn die Evangelien zweifellos über Christi Leben und Lehre bezeugen, und eben dazu müsse es gleich wichtig sein genau zu ergründen, wann denn und wie denn die Quellen unserer christlichen Erkenntniß, die Evangelien, entstanden seien.

Das zu thun ist bekanntlich die Aufgabe der theologischen Wissenschaft, an deren Lösung sich ein Jeder, der es kann nach dem Stande seines Wissens und seines Urtheils, zu betheiligen das volle freie Recht hat.

Das geschieht ja nun auch hinreichend auf den Universitäten, auch von anderer als von der freidenkenden Seite, so daß wiederum auch hier gar kein Grund vorliegt zu klagen, als ob sämtliche Lehrstühle der Theologie nur von freidenkenden Theologen besetzt seien. So weit sind wir noch lange nicht, den achtundzwanzig Genannten stehen vielleicht hundert Andersdenkende gegenüber.

Diese Letzteren mögen ihre Kraft beweisen durch Widerlegung der Anderen. Vermögen sie dies nicht, so bleibt mit Recht der Sieg der Wahrheit auf anderer Seite und der praktische Glaube wird dann gut thun, sich darnach einzurichten.

Niemand aber hat das Recht, ohne ernste Mitarbeit und Begründung die jeweiligen Ergebnisse solcher ernsten Forschung kurzweg als widerchristlich zu verschreien oder um der vorgeblich praktischen Glaubensnoth willen der unbedingten Wahrheitsforschung eine Schranke zu ziehen. Wer dies thut, versündigt sich an der Wahrheit und am Glauben zugleich.

Die Universitäten nun sind die gegebenen Freistätten zur Ausfechtung dieses Kampfes der Ansichten; sie können diesen Wahrheitsdienst aber nur leisten unter der Voraussetzung, daß auf ihnen ungeschmälert und unbehindert die nur durch innere Wahrheitszucht gebundene Freiheit der Forschung gilt.

Das ist das große, in langem Kampfe von Jahrhunderten schwer errungene Palladium vor allem der deutschen Universitäten, das Banner, unter dem allein sie segensreich wirken und der endlich zu erringenden Wahrheit dienen können.

Die Geschichte dieses Kampfes beweist auf Schritt und Tritt, daß jede Hemmung des natürlichen Verlaufes dieses freien Geisteskampfes zum Widersinn führt und den nothwendigen Gang der Entwickelung wohl aufhalten, aber doch nicht umkehren kann.

Diese Wahrheit mag noch durch Hinweis auf einige Thatjachen aus der Geschichte meiner dafür besonders lehrreichen Fachwissenschaft der Philosophie bekräftigt werden.

Es sei erinnert an den auch von Häckel zum Troste gegen die ihm widerfahrenen Angriffe angerufenen Dominikanermönch Giordano Bruno. Aus seinem Kloster in Neapel flüchtig, durchwanderte er, in Toulouse zum Doktor promovirt, die Hauptbildungsstätten Europas, verweilte lehrend und streitend kürzere oder längere Zeit an den Universitäten zu Paris, Oxford, Marburg, Wittenberg, Prag und Helmstädt. Ueberall trat er begeistert ein für die pantheistische Idee der unendlichen innerweltlichen Schöpferkraft Gottes gegen die noch herrschende, von der Kirche angenommene aristotelisch-ptolemäische Lehre von der in der Mitte des Kosmos ruhenden Erde mit dem gewölbten Himmel darüber als dem Throne Gottes und dem Aufenthalte der Seligen. Nur wenige Monate duldeten ihn die Oxforder Professoren. Bei seinem zweiten Besuche in Paris beschwor Bruno bei einer von der Universität zugelassenen Disputation die Professoren der Universität, sich vor der Majestät der Wahrheit zu beugen, der Wucht der Gründe die Ehre zu geben und die befreiende Kraft des kopernikanischen Weltsystems als gerechte Schiedsrichter willig anzuerkennen. Die darüber losbrechende Entrüstung der von der Kirchenmacht noch beherrschten Universitätsgeister nöthigte ihn, nicht nur die Universität zu meiden, sondern ließ es ihm sogar räthlich erscheinen, Paris in drei Tagen zu verlassen. Die Marburger Universität verweigerte ihm darauf die Erlaubniß zum Halten philosophischer Vorlesungen. An der Universität Wittenberg ward dann nur zwei Jahre lang unter dem Schutze des lutherisch gesinnten Kurfürsten August die Lehrwirksamkeit Brunos geduldet. Mit Dank dafür feierte G. Bruno in einer Rede Deutschland als den Wall und das Bollwerk der Geistesfreiheit gegenüber der Herrschaft des römischen

Aberglaubens und pries Luther als den hochsinnigen Begründer der freien Forschung. Als dann aber mit dem Regierungswechsel die in Betreff der kopernikanischen Weltansicht strengere calvinistische Richtung zur Herrschaft kam, sah Bruno das Ende der ihm gewährten Lehrfreiheit voraus und zog es vor, freiwillig zuvor die Universität zu verlassen. Auf der Universität Prag wandte sich G. Bruno in der Widmung einer Schrift an den Kaiser Rudolf selbst. Offen vertrat er das Recht des Philosophen, in Sachen der Philosophie niemals der Gewohnheit des Glaubens nachzugeben, sondern zunächst alles in Zweifel zu ziehen; furchtlos werde er stets seine Ansicht äußern, da ja doch einmal der Krieg zwischen Licht und Finsterniß, zwischen Wissenschaft und Unwissenheit ein ewiger sei. Kaiser Rudolf beantwortete die Widmung dieser Schrift mit einem Geschenk von 300 Thalern, die ihn in den Stand setzten, nach sechsmonatlichem vergeblichen Bemühen um Gewinnung einer Lehrwirksamkeit an der Universität die Stadt Prag wieder zu verlassen. Noch einmal gelang es ihm, unter dem Schutze des freidenkenden Herzogs Julius von Braunschweig an der jüngst gegründeten Hochschule zu Helmstädt eine Zeit lang zu lehren. Aber selbst der freie Hochsinn dieses Fürsten und seines ihn bald ersetzenden Nachfolgers konnte den Philosophen dauernd nicht gegen den Zorn der Theologen schützen. Der Superintendent der Kirche zu Helmstädt ercommunicirte den Philosophen in öffentlicher Predigt und warnte seine Schüler vor dem Besuche seiner Vorlesungen. Der Philosoph mußte dem Herrn Hauptpastor weichen. Nach so viel Irrfahrten endlich von der Sehnsucht nach seiner Heimath Italien heimgezogen, fiel nun der Philosoph auf Grund der niederträchtigen Anklage eines ihm zuvor befreundeten Schülers zu Venedig in die Hände der römischen Inquisition, und nach Rom geschleppt, mußte er dort, sechs Jahre lang seiner Freiheit beraubt, im Kerker der Inquisition schmachten und ward dann, nach wiederholtem Inquisitionsverhör als Gotteslästerer zum Tode verurtheilt, am Morgen des 17. Februar 1600 zu Rom auf dem Campo fiore verbrannt. Und weshalb ward dieser Mann zu diesem grausamen Tode verurtheilt? Aus den uns zum Theil zugänglich gewordenen Prozeßakten wissen wir jetzt, daß G. Bruno alle besonders gegen die katholische Kirche gerichteten Spöttereien und Ketzereien reumüthig bekannt und für sie die Verzeihung der Kirche angerufen hat. Was er aber nicht widerrufen wollte, war die durch Vernunft und Wissen gewonnene Ueberzeugung, daß die unendliche Schöpferkraft Gottes sich auch in der Schaffung unendlicher Welten bezeugen müsse, daß daher die Welt unendlich sein müsse wie Gott, daß daher die kirchlich angenommene aristotelisch-ptolemäische Weltansicht falsch und die kopernikanische Weltansicht richtig sei. Wegen seines Festhaltens an dieser Ansicht mußte G. Bruno den Scheiterhaufen besteigen, wegen einer Ansicht also, welche heute jeder gebildete Katholik theilt, wegen deren Annahme also jetzt nach damaligen Maßstabe der Kirche Tausende von Katholiken denselben Tod verdienen sollten wie G. Bruno. Kein Schrei, kein Seufzer kam auf dem Scheiterhaufen über die Lippen dieses Märtyrers der Wahrheit. Kann man es ihm verdenken, wenn er noch zuletzt im Ringen mit dem Tode sich schweigend von dem ihm von den Priestern der Religion der Liebe vor die Augen gehaltenen Kruzifix mit Geberden der Verachtung abwandte? Und muß es nicht unser Gemüth empören, wenn der deutsche Konvertit Kaspar Schopp als Augenzeuge über den Vorgang mit wahrhaft satanischem Hohn berichtet: „So ist er denn langsam gebraten, elendiglich umgekommen, und mag nun in jenen anderen Welten, die er sich einbildete, verkünden, auf welche Weise Gotteslästerer und Frevler von den Römern behandelt zu werden pflegen." Konnte oder vielmehr mußte es uns nicht ebenso empören, daß unlängst

noch nach fast dreihundert Jahren, als gleichsam zur Sühne
dieser Schandthat der Menschheit, dem Manne auf dem Platze
seiner Todesqual ein Denkmal errichtet werden sollte, Vertreter
derselben Religion der Liebe Steine auf das Andenken dieses
Mannes werfen mochten? — Gewiß, der Mann war kein Tugend-
held, ein Mensch voller Leidenschaften, der, von diesen hingerissen,
Manches gesündigt hat; aber ein schlimmerer Sünder als viele
hochwürdige Kirchenlichter der damaligen Zeit war er nicht, und
nicht wegen dieser von ihm offen bekannten und demüthig
bereuten Fehltritte hat er den Feuertod erdulden müssen, sondern
wegen einer Wahrheit, die jetzt allgemein gilt.

Ueberdies sind von der Verfolgungssucht der Kirche ja
auch Philosophen betroffen worden, deren Leben und kirchliches
Denken unantastbar gelten muß. Vergegenwärtigen wir uns
auf katholischer Seite nur das Schicksal der Philosophie des
Cartesius!

Dieser Denker war ein gläubiger Katholik. Im Ringen
nach Wahrheit gelobte er der Mutter Gottes eine Wallfahrt
nach Loretto, wenn ihr Beistand ihm zum Finden der Wahrheit
verhülfe; als er zur Wahrheit gelangt zu sein glaubte, hat er
dieses Gelübde ausgeführt. Ebenso hat derselbe seine Zustimmung
zur Ansicht Galileis zurückgehalten, als dieselbe kirchlich
verurtheilt worden war. In seiner Philosophie ist ein Haupt-
bemühen, die Annahme der Selbständigkeit und der Unsterblichkeit der Menschenseele gegen den Materialismus zu vertheidigen
und den Glauben an Gott vernunftgemäß zu begründen. Trotz-
dem beschuldigte man kirchlicherseits auch diese Philosophie des
Atheismus und setzte in Rom 1663 die Hauptschriften des
Philosophen auf den Index, verbot also dieselben zu lesen.
Gründe der Beanstandung gab man nicht an. Der berühmte
Arnauld schrieb mit Bezug darauf in einem Briefe, er wundere
sich nicht darüber, daß in Neapel junge Leute durch die Lektüre

von Cartesius' Gegner Gassendi Atheisten und Epikureer geworden seien, denn dieser Gassendi zerstöre ja die Beweise für das Dasein Gottes und die Unsterblichkeit der Seele, die Cartesius entwickelt habe. Das zeige die Weisheit der römischen Inquisition und die Nützlichkeit ihrer Verbote, Gassendi sei nicht verboten, wohl aber Cartesius. Der Index — schreibt er ein andermal — erlaube also das Gift zu verschlucken und verbiete das Gegengift zu nehmen. Trotz dieser jetzt offenkundigen Thorheit rief dies Indexverbot damals an den Universitäten überall Verfolgungen dieser Philosophie und Kämpfe um sie hervor. Ueberall ward verboten und gestraft; selbst die Behörden evangelischer Universitäten unter dem Einfluß ihrer Theologen wetteiferten in dieser Beziehung mit den Würdenträgern der katholischen Kirche.

Und was haben alle diese Verbote und Hemmnisse genützt? Ein Jesuit, der Pater von Avrigny, schrieb 1725 darüber: „Ganze Universitäten haben diese Philosophie verworfen und die Verurtheilung hat zu nichts anderem gedient, als sie um so fester Wurzel fassen zu lassen. Sie ist verurtheilt durch die Inquisition, und das Urtheil hat ihr nicht einen einzigen Anhänger genommen, wenigstens nicht diesseits der Berge."

Und heutzutage redet Niemand mehr von dem Atheismus dieses Philosophen, sondern die Gottesgelehrten der katholischen wie der evangelischen Kirche stützen sich gern auf diesen von Rom einst verdammten Philosophen, dessen Schriften noch auf dem Index stehen.

Von fast allen bedeutenderen Philosophen der späteren Zeit stehen Hauptschriften auf dem Index, außerdem gilt noch allgemein das Verbot für alle Schriften von Ketzern, die irgendwie über Religion geschrieben haben, also selbstverständlich für die Hauptschriften aller bedeutenden Philosophen nach der Reformation. Auf dem Index stehende Schriften darf ein Katholik nur nach eingeholter besonderer Erlaubniß des Papstes lesen, durch die allgemeine Regel verbotene Bücher erst nach eingeholter auf fünf Jahre gültiger bischöflicher Erlaubniß. Wer dawider handelt, soll als exkommunicirt gelten. Die Geschichtskenntniß der Philosophie hat also bei einem Katholiken schon nach dieser Regel ohne besondere priesterliche Erlaubniß etwa bei Thomas von Aquin aufzuhören; ohne solche Erlaubniß sind also vollkundige Professoren der Philosophie unter Katholiken unmöglich. Höchst wahrscheinlich werden die meisten katholischen Professoren der Philosophie unserer Universitäten die für den Mann der Wissenschaft unerläßliche vollere Kenntniß der Geschichte ihrer Wissenschaft ohne Quinquennalbefuguiß erworben haben, und jedenfalls werden ihre Schüler die verbotenen Schriften ohne solche Erlaubniß zum Behufe der von ihnen geforderten Arbeiten lesen. Lehrer und Schüler müßten also der Regel nach als hundertfach exkommunicirt gelten. Nur durch Uebertretung der Regel kommen sie auf dem Gebiete ihrer Wissenschaft noch in die Lage, überhaupt mitreden zu können, sonst hätten sie nicht einmal die Freiheit, sich die dazu nöthige Kenntniß zu erwerben.

So weit durch Gebote und Verbote eingeengt worden ist auf evangelischem Boden die freie Forschung der Philosophie niemals, aber von widersinnigen Verketzerungen und thörichten Atheismusklagen verschont geblieben sind ihre Vertreter auch nicht.

Selbst der kirchlichen Anschauungen weit entgegenkommende Leibniz ist von dem Ketzergeschrei nicht frei geblieben. Bei seinem Begräbniß folgte kein Geistlicher. Ein Pastor in Hannover soll ihm auf der Kanzel den Scheltnamen Lövenix (Glaubenichts) gegeben haben, weil er die Kirche nicht besuchte. In der Stadt hatte er daher den Ruf des Ungläubigen. Seinem Schüler Wolff in Halle erging es noch schlimmer. Als derselbe bei Uebergabe seines Prorektorats in einer Rede über die Moralphilosophie der Chinesen gewagt hatte zu behaupten, diese Moralphilosophie beweise, daß die Vernunft die sittlichen Wahrheiten ohne Beihülfe der höheren Offenbarung finden könne, erhoben seine theologischen Kollegen, die als Pietisten früher in Leipzig unter der Verfolgung des herrschenden orthodoxen Dogmatismus selbst zu leiden gehabt hatten, sofort die bekannte Atheismusklage. Als dies nicht gleich half, schlugen sie Lärm von Kanzel und Katheder, weil Wolff die Willensfreiheit leugne, Determinist sei. Mit Hülfe des lustigen Rathes Gundling gelang es ihnen, den König Friedrich Wilhelm bange zu machen vor den üblen Folgen dieser Lehre. Es ward dem König vorgestellt, wenn diese Ansicht zur Herrschaft gelange, werde ein Deserteur aus der Reihe seiner großen Grenadiere nicht mehr zu bestrafen sein, denn er habe ja desertiren gemußt. Dies Argument schlug durch beim Könige. Durch Kabinetsbefehl vom 8. November 1723 ward Wolff seines Amtes entsetzt und ihm bei Strafe des Stranges geboten, binnen achtundvierzig Stunden Halle und die gesamten königlichen Lande zu räumen. Auch sein Anhänger Thümming in Halle ward abgesetzt, ebenso in Königsberg sein Anhänger Professor Fischer und noch dazu des Landes verwiesen. Wolffs Schriften wurden noch 1727 ausdrücklich auf die Liste der atheistischen Bücher gestellt, deren Druck und Verkauf der König bei lebenslänglicher Karrenstrafe verboten hatte und über die Vorlesungen zu halten ebenso streng verboten war.

Und welchen Erfolg hatte dieses Vorgehen? Von dem Inhalt der Schriften ward in den Vorlesungen der Universitäten und auf den Kanzeln dennoch geredet, die Schriften selbst wurden infolge der durch des Martyrium Wolffs gesteigerten Aufmerksamkeit in ganz Deutschland und darüber hinaus eifriger als sonst gesucht und gelesen. Selbst in der unmittelbaren Umgebung des Königs gewann Wolffs Philosophie Anhang; der Fürst von Anhalt-Dessau, der Feldmarschall von

Grumbkow, der Staatsminister Cocceji, der Hofprediger Reinbeck huldigten ihr, und diese Rathgeber überzeugten bald auch den König davon, daß die Hallenser Theologen ihn getäuscht hatten. Gern hätte er schon 1733 den inzwischen an der Universität Marburg mit Ehren aufgenommenen Philosophen nach Halle zurückberufen, er besorgte nur, „es würden sich die Kerls gleich wieder bei die Köpfe kriegen". Die Widmung einer Schrift Wolffs nahm der König an, und die früher streng verbotenen Schriften Wolffs wurden nun den Kandidaten der Theologie ausdrücklich anempfohlen. Friedrich der Große endlich, der als Kronprinz die Schriften dieses angeblichen Atheisten Wolff mit Eifer gelesen hatte, gab gleich nach seiner Thronbesteigung dem Hofprediger Reinbeck den Befehl, sich um den Wolff Mühe zu geben, „denn ein Mensch, der die Wahrheit suche, müsse unter aller menschlichen Gesellschaft werth gehalten werden". Mit hohen Ehren ward Wolff nach Halle zurückberufen, im Triumphzug zog er dort wieder ein.

„Den Mächtigen der Erde — bemerkt mit Recht der Berliner Philosoph Zeller nach Darstellung dieser Haupt- und Staatsaffaire — kann diese Rückkehr zur augenfälligen Bestätigung der Wahrheit dienen, die sich immer aufs neue bewährt und immer aufs neue verkannt wird: daß es nichts hilft, den Bedürfnissen der Zeiten und der Völker sich gewaltsam entgegen zu stemmen, daß das Irrige und Verkehrte, an dem es freilich auch auf dem wissenschaftlichen Gebiete nie fehlen wird, nur durch die bessere Einsicht selbst, nicht durch Lehrverbote, Verfolgung und Zurücksetzung widerlegt wird, und daß der Geist der Geschichte noch immer die Werkzeuge gefunden hat, durch welche er alles, was in der rastlos fortschreitenden Entwickelung der Menschheit begründet war, unfehlbar und zur rechten Zeit durchsetzte."

Gelernt haben diese Wahrheit an der Geschichte Wolffs

die Mächtigen der Erde allerdings noch keinesweges durchweg. Das beweist uns das noch gegen Ende des vorigen Jahrhunderts gegen Kant und seine Philosophie gerichtete Religionsverbot des Nachfolgers Friedrichs des Großen auf dem preußischen Throne und zur Jahrhundertswende ebenso die gegen Fichte in Jena von der Kursächsischen Regierung aus gerichtete Atheismusklage, weil Fichte nur in der sittlichen Weltordnung die Gottheit glaubte erkennen zu können, eine Anklage, die trotz seiner scharfen Vertheidigungsschriften oder vielmehr wohl gerade mit wegen derselben zu öffentlichem Verweis und Absetzung führte. Scharf klangen freilich in Fichtes Schrift spöttische Sätze wie diese: „Die einzige untrügliche Wahrheit, über die kein menschlicher Geist hinauskann, die keiner weiteren Prüfung, Erläuterung oder Auseinandersetzung bedarf, ist schon längst fertig; sie liegt aufbewahrt in gewissen Glaubensbekenntnissen; das Geschäft des Selbstdenkens ist schon längst für das Menschengeschlecht geschlossen; — so muß man sprechen. Diese Wahrheit auswendig zu lernen, sie unverändert zu wiederholen und immer zu wiederholen, darauf muß man alle Geistesbeschäftigung einschränken; dann stehen die Throne fest, die Altäre wanken nicht und kein Heller geht an den Stollgebühren verloren. — Diesen Grundsatz auszuführen, schicken sie sich jetzt ernstlicher als je an." Dazu diene die Beschuldigung mit dem großen, die Ohren füllenden Wort des Atheismus. Nicht minder scharf spricht er gegen seine Gegner den Wunsch aus: „Möchte es ihnen doch gefallen haben, bei dieser Gelegenheit das von mir erbetene erste verständliche Wort darüber vorzubringen, was das doch eigentlich heißen möge: Gott habe die Welt erschaffen, und wie man sich eine solche Schöpfung zu denken habe? — inwiefern nur von der wirklichen Welt, von der Sinnenwelt, nicht aber etwa von der sittlichen Ordnung der reinen geistigen Intelligenzen die Rede ist. Möge es ihnen noch gefallen; möchten sie auf dieses erste verständliche Wort Preise aussetzen, doppelte, zehnfache Preise! So lange aber dieses einzige Wort nicht vorgebracht wird, habe ich das Recht, dafür zu halten, daß man seinen gesunden Menschenverstand verlieren müßte, um wie sie an Gott zu glauben; und daß mein Atheismus lediglich darin besteht, daß ich meinen Verstand behalten möchte." —

„Daß die fromme Einfalt Gott als eine ungeheure Ausdehnung durch den unendlichen Raum, oder die noch einfältigere ihn so, wie er vor dem alten Dresdner Gesangbuch abgemalt ist, als einen alten Mann, einen jungen Mann und eine Taube, sich bilde; — wenn dieser Gott nur sonst ein moralisches Wesen ist und mit reinem Herzen an ihn geglaubt wird — das kann der Weise gutmüthig belächeln; aber daß man Denjenigen, der die Gottheit unter dieser Form sich nicht vorstellen will, einen Atheisten nenne, seine Schriften verbiete und ihn vor den Ohren der Nation verschreie, ist um vieles ernsthafter anzunehmen. Und dieses ist ohne Zweifel hier der Fall."

Was waren nun aber die Folgen der Verdrängung Fichtes aus Jena? Den Ruhm einer Freistätte der Wissenschaft verlor Jena für einige Zeit, zumal als dann die Naturphilosophie seines Nachfolgers Schelling auch bald den Ketzerruf des Pantheismus hervorrief. Die Schriften Fichtes aber wurden weiter verbreitet und eifriger gelesen, denn zuvor. Fichte selbst fand einen Ruheplatz für weiteres Forschen in Berlin. Als die Polizei zuerst seinem Aufenthalt Schwierigkeiten machen zu wollen schien, entschied der befragte König Friedrich Wilhelm III. zu seinen Gunsten mit den Worten: Ist Fichte ein so ruhiger Bürger, als Uns aus allem hervorgeht, und so entfernt von gefährlichen Verbindungen, so kann ihm der Aufenthalt in meinen Staaten ruhig gestattet werden. Ist es wahr, daß er mit dem lieben Gott in Feindseligkeiten begriffen ist, so mag dies der liebe Gott mit ihm abmachen. Mir thut das nichts." — Als dann ein Jahrzehnt später die Berliner Universität gegründet war, ward Fichte ihr erster Rektor; als Lehrer derselben hat er noch mehrere Jahre voll Vaterlandsliebe zur Franzosenzeit segensreich gewirkt. Von der Feindseligkeit gegen den lieben Gott war nicht mehr die Rede.

In Wahrheit verdiente auch Fichtes Glaube an Gott als die sittliche Weltordnung ebensowenig die Beschuldigung des Atheismus, wie später kurzweg den Vorwurf des Pantheismus die Lehre Schellings von der sich entwickelnden Weltseele, die sich später, als Schelling von dem frommen König Friedrich Wilhelm IV. zum Schutze gegen den Vernunftglauben Hegels und zur Stütze der orthodoxen Theologie nach Berlin berufen wurde, zur Philosophie der Offenbarung ausgestaltete.

Mit solchen Ketzernamen Atheismus und Pantheismus sollte man überhaupt nicht so leichtfertig um sich werfen. Es läßt sich gar leicht mit Worten der Glaube an Gott bekennen, aber es ist gar schwer zu sagen, was darunter zu verstehen ist, wie Gottes Wesen und sein Verhältniß zur Welt zu fassen ist. Der Pantheismus läßt sich eben so leicht mit Worten abweisen oder verleugnen; aber es ist gar schwer, in seinem Gottesglauben jeden Zuzug eines pantheistischen Elementes zu vermeiden. Schon das Bibelwort (Apostelgeschichte 17, 28): „In ihm leben, weben und sind wir", läßt eine pantheistische Deutung zu. Und wie leicht führt die Fassung der Schöpfungsidee dem Pantheismus nahe! Hat Gott die Welt von Ewigkeit geschaffen oder zu einer gegebenen Zeit? Das ist die schwere Frage. Wenn das Letztere, warum denn zu jener Zeit und warum nicht früher? Wie reimt sich diese Aenderung im göttlichen Verhalten zur geglaubten Vollkommenheit Gottes, die keine Aenderung des Willens zuzulassen scheint? — Wenn nun aber, um diesem Einwurf zu entgehen, angenommen werden soll, Gott habe die

Welt nach ewigem Rathschluß von Ewigkeit her geschaffen, muß dann nicht die Welt ebenso ewig sein wie Gott, eins sein mit ihm, wie dies der Pantheismus lehrt? Selbst Thomas von Aquin ist in seinem Versuche zur Lösung dieser Probleme von einem pantheistischen Anflug nicht frei geblieben.

Es ist dem Menschengeiste schwer gemacht, zur Klarheit über solche Probleme durchzubringen. Die Offenbarungslehren helfen ihm hier nicht weiter, denn sie alle endigen hier auch mit dem Bekenntniß der Unerkennbarkeit Gottes und sind klar nur, so lange es sich um die von ihnen gelehrten sittlichen Gebote Gottes handelt. Man kann nun wohl mit Beruhigung dabei ein gläubig frommer Christ sein, aber kein Philosoph, der denkend nach Erkenntniß der Wahrheit ringen muß, so weit er aus eigener Vernunft kommen kann. Ohne dies ist seine ganze Wissenschaft nichtig.

Und diesen Wahrheitstrieb muß man rücksichtslos seinen eigenen Weg wandeln lassen, frei von jedem Autoritätsdruck und Autoritätszwang, mag derselbe nun von der Kirche oder von dem Staate ausgeübt werden. Beiden gehen im Zwange die rechten Mittel und Kräfte ab, diesen Geisteskampf mit zu entscheiden. Hemmen sie diesen Kampf einseitig, so bricht sich die Wahrheit irgendwo doch Bahn. Suchen sie selbst die Wahrheit durch ihre äußerliche Macht zu schützen, so schwächen oder untergraben sie den Glauben an die eigene Kraft der Wahrheit. Als Freistätten dieses großen Geisteskampfes haben sich allmählich die Universitäten, vor allem die deutschen Universitäten auf ihre jetzige Höhe erhoben. Ihre Schüler sollen hier im freien Ueberdenken des gehörten Für und Wider selbst denken lernen, eine eigene wohlbegründete Ansicht gewinnen, die fest hält in den späteren Stürmen des Lebens; dieselben sollen nicht bloß Wissen gewinnen, sondern ebenso sehr einen im Feuer des freien Ringens nach Wahrheit gestählten Charakter.

Das Absperren der lernenden Jünglinge in Klöster und Konvikte gegen den freien Luftzug der Zeit ist doch niemals gelungen. Giordano Bruno war im Dominikanerkloster erzogen. Cartesius und Voltaire haben ihre Bildung in Jesuitenschulen gewonnen. Spinoza ward in der Talmud-Thoraschule ·unterrichtet. Kant stand auf dem Gymnasium seiner Vaterstadt Königsberg unter pietistischem Einfluß. Schleiermacher und der Philosoph Fries waren Schüler der Herrenhuterschule. Der Kantianer Reinhold war zuvor Schüler des Jesuitenkollegiums zu St. Anna in Wien. Beispiele derart ließen sich leicht noch manche anführen, welche beweisen, daß es für den freien Geisteszug der Zeit keine Absperrungsmauern giebt, die dick genug sind, das Eindringen eines Luftzuges zu verhüten. Gerade der Druck reizt zum Widerstand, das Verbot zur Uebertretung. Und gar leicht führt dann die im leidenschaftlichen Kampfe erlangte Freiheit in Leidenschaft über die richtige Begrenzung der Freiheit hinaus. Daher ist es besser, wenn die Geister von vornherein im freien Entwickelungskampfe nach Wahrheit suchen lernen und die Charakterbildung eigenen Denkens zu gewinnen trachten.

Das ist die große Errungenschaft der Jahrhunderte für unsere Hochschulen, der Niederschlag davon ist kurz zusammengefaßt im Satze unserer Verfassung: Die Wissenschaft· und ihre Lehre ist frei. Dieser Satz giebt den Forschern und Lehrern der Wissenschaft wie ihren Schülern ein Recht, ohne dessen vollste Anerkennung ihre ganze Arbeit werthlos wird. Diesem Rechte entspricht gewiß eine ebenso große und schwere Pflicht, die Pflicht der gewissenhaftesten und vorsichtigsten Prüfung, bevor das Ergebniß auf den Markt des öffentlichen Lebens gebracht wird. Jede Wissensarbeit muß daher zugleich sein eine ernste Gewissensarbeit. Wir behaupten nicht, daß dieser Pflicht jederzeit vollauf genügt wird. Nun wohl, dann mögen die Berufenen an diese Pflicht erinnern und mit guten Gründen ihr Recht zu solcher Mahnung beweisen, aber fallen lassen sollen sie das zwecklose Klagen über den Mißbrauch der Freiheit und das Rufen nach Zwang zur Einschränkung derselben. Wollen diese Ankläger und Diejenigen, die ihnen glauben, ein Bild haben, wohin diese Anschuldigungen und Bedrohungen folgerichtig führen müßten, so brauchten sie ja nur rückwärts zu schauen auf die Zeiten, aus denen wir mit Mühe kaum und leider noch immer nicht einmal ganz herausgewachsen sind.

Wohin wir kommen müßten, wenn die Forderungen der Zentrumspartei vollauf befriedigt werden sollten, hat der Katholikentag wiederum deutlich gezeigt. Den Universitäten müßten als Kuratoren zur Aufsicht kirchliche Würdenträger vorgesetzt werden, den paritätischen Universitäten, falls man nicht besser sich entschlösse, dieselben zu theilen, natürlich zwei, je einer jeder Konfession. Sämtliche Professoren wären auf das bestimmte Glaubekenntniß zu vereiben. Zur weiteren konfessionellen Sicherung müßten sie mindestens jedes Semester dem kirchlichen Kurator einen Beicht- und Kommunion-Zettel vorlegen. Am besten wäre es, wenn sie auch genöthigt wären, demselben ihre Vorlesungshefte zur Approbation zu unterbreiten mit der eidlichen Versicherung, daß sie dieselben buchstäblich diktiren würden ohne jeglichen Zusatz. Die Kuratoren müßten auch das Recht haben, sich durch unerwartetes Hospitiren und durch gelegentliche Durchsicht der Studentenhefte von der strikten Ausführung der Vorschrift und des eidlichen Versprechens zu überzeugen. Mit gleicher Strenge müßte natürlich die gleiche Aufsicht über die wissenschaftlichen Veröffentlichungen der Professoren geführt werden, nur mit dem Approbavit des Kurators dürften Arbeiten der Professoren gedruckt werden.

Folgerichtig müßte die evangelische Orthodoxie eigentlich dem gleichen Ideal nachjagen. Es ist nur Mangel an Folgerichtigkeit oder an Zuversicht des Erfolges, wenn sie sich statt dessen mit der Forderung einer Mitwirkung der Kirche bei der Besetzung der theologischen Professuren und eines Rechtes zum kirchlichen Verbote des Besuches oder der Benutzung angeblich widerchristlicher Vorlesungen oder Bücher oder einer nachträglichen seminaristischen Zustutzung der zukünftigen Diener im Amte begnügen.

Wir sind der festen Ueberzeugung, daß unsere deutschen Regierungen die Hand nicht wieder bieten werden zur Verwirklichung solcher Ideale; aber wir haben allerdings Grund zu besorgen, daß falsch verstandene Billigkeitsgefühle oder jeweilige opportunistische Parteirücksichten leicht zu verderblichen Nachgiebigkeiten im einzelnen führen könnten.

Die meisten deutschen Universitätsordnungen und Statuten enthalten noch mittelalterliche Reste ihrer früheren kirchlichen Abhängigkeit, welche solchem Opportunismus Rückhalt bieten. Am bestimmtesten sind diese Abhängigkeitsreste natürlich noch vorhanden in Betreff der Professoren der katholischen Theologie. Unsere evangelisch Orthodoxen sind beschränkt genug, für ihre Theologen wieder ähnliche Beschränkungen herbeizuwünschen, während, wie der Kundige wohl weiß, unter den katholischen Lehrern und Schülern doch gar manche im stillen und unter vier Augen auch wohl lauter nach größerer Freiheit ihrer Wissenschaft und ihrer Lehre seufzen. Wir Anderen, die wir uns größerer Freiheit erfreuen, sehen mit einem gewissen Mitleid auf diese Schranken hinab, und es wird uns schwer, diese gebundenere Wissenschaft als vollwerthig anzusehen. In Tübingen ist deshalb sogar einmal 1857 der Senatsantrag gestellt worden, die katholischen Theologieprofessoren wegen dieser kirchlichen Gebundenheit, wegen dieses Mangels der vollen wissenschaftlichen Freiheit von der Senats- und Rektorswahl auszuschließen. Wir denken jetzt friedlicher und möchten die volle Gemeinschaft-

mit diesen Kollegen, von denen auch wir etwas lernen können, schon deshalb nicht missen; aber es ist klar, daß bei kirchlicher Steigerung des Unterschiedes das Halten an solcher Gemeinschaft immer schwieriger und das Loslösen der Theologen von der Universität immer wahrscheinlicher wird.

Aber auch für uns Mitglieder anderer Fakultäten giebt es noch einzelne, die volle Freiheit der Entwickelung leicht hindernde konfessionelle Beschränkungen, für die paritätischen Universitäten fordern die Statuten meist katholische und evangelische Professoren für Philosophie und Geschichte. Nach dem Grundsatze der Freiheit der Wissenschaft haben diese Bestimmungen gar keinen Sinn mehr, geben gar keine Sicherheit und geben nur Anlaß zu beständigem, konfessionellem Nachspüren und Abrechnen, und in Zeiten des Opportunismus zu, bei Lichte besehen, mitunter recht kläglichen und für Unbetheiligte fast ergötzlichen konfessionellen Ueberbietungen.

Zu solchen opportunistischen Parteirücksichten gehören auch die in letzter Zeit wieder häufiger vorgekommenen Versetzungen theologischer Professoren in die philosophischen Fakultäten, nur um den Klagen der Strenggläubigen den Boden zu entziehen.

Mit allen solchen Halbheiten müßten die Regierungen ein für allemal folgerichtig brechen, um den Grundsatz der Freiheit der Wissenschaft und ihrer Lehre zur unbedingten Anerkennung zu bringen. Nur solchem folgerichtigen Vorgehen gegenüber werden die Klagen und Forderungen der Gegner verstummen oder sich in der einen Forderung zusammenziehen, in der Forderung zur freien Gründung eigener Universitäten. Dieses Recht mag ihnen dann gewährt werden unter der Bedingung, daß der allgemeinen Bedingung staatlicher Aufsicht genügt werde und daß die Ausbildung für den Dienst im Staate nur auf staatlichen Anstalten gewonnen werden kann.

Solche Erledigung des Streites wird die Zukunft bringen.

Wir gehen trotz allen Klagens und Jammerns über Gottlosigkeit und Widerchristenthum doch vorwärts im wissenschaftlich ausgleichenden Meinungskampfe, nicht rückwärts, zum Segen der freien Wissenschaft, aber auch zum Segen der wahren Religion und darum auch zum Segen unseres deutschen Vaterlandes.

Anmerkungen.

[1] Es sei verwiesen auf die Entwickelung des nothwendigen Zusammenhanges der Ordnung des gesamten Schulwesens nach dem Konfessionsprinzip und auf den Nachweis der pädagogisch und politisch nachtheiligen Folgen solcher historisch überlebten Ordnung in meiner Schrift: „Gegen den Entwurf eines Volksschulgesetzes. Ein Mahnruf an Preußens deutsches Gewissen." Bonn, Fr. Cohen, 1892.

[2] Paul v. Hoensbroech, S. J., Christ und Widerchrist. Ein Beitrag zur Vertheidigung der Gottheit Christi und zur Charakteristik des Unglaubens in der protestantischen Theologie. Mit Approbation des hochw. Herrn Erzbischofs von Freiburg. Freiburg i. Br., Herder'sche Buchhandl. 1892, 167 S.

[3] Tilmann Pesch, S. J., Die großen Welträthsel. Philosophie der Natur. Allen denkenden Naturfreunden dargeboten. 2. verb. Aufl. 2 Bde. Freiburg i. Br., Herder'sche Buchhandlung, 1892. Die erste Aufl. erschien 1883.

[4] Hermann Pestalozzi, auf Domäne Haydau, Antichristenthum in alter und neuer Zeit. Versuch einer Darstellung als ein Hülfsmittel zur Orientirung für alle Stände deutscher Christenheit. 2. billige Ausg. Leipzig, Fr. W. Grunow, 1893, 436 S.

[5] Adolf Harnack, Dr., o. Professor der Theologie a. d. Universität Berlin, Das apostolische Glaubensbekenntniß. Ein geschichtlicher Bericht nebst einem Nachwort. Berlin, A. Haack, 1892.

[6] Ernst Häckel, Dr., Professor a. d. Universität Jena. Natürliche Schöpfungsgeschichte. 3. verb. Aufl. Berlin, G. Reimer, 1872. Neuerdings hat sich Häckel darüber wieder ausgelassen in einer soeben erschienenen Schrift: Der Monismus als Band zwischen Religion und Wissenschaft. Glaubensbekenntniß eines Naturforschers. Bonn, E. Strauß, 1892, bes. auf S. 34.

[7] Johannes Volkelt, Professor der Philosophie a. d. Universität in Würzburg. Vorträge zur Einführung in die Philosophie der Gegenwart. Geh. zu Frankfurt a. M. München, C. H. Beck'sche Verlagsbuchhandl, 1892.
[8] Wilhelm Wundt, System der Philosophie. Leipzig. Engelmann, 1889. S. bes. Abschn. 4, III. 4, S. 437 ff. u. Abschn. 6, IV. 3, S. 642 ff.
[9] Unter den auf Harnack's Vorgehen bezüglichen Schriften für und wider scheinen mir besonders folgende Beachtung zu verdienen: Dr. E. Chr. Achelis, o. Professor der Theologie a. d. Universität Marburg, Zur Symbolfrage. Zwei Abhandlungen. Berlin, H. Reuther, 1892. — Ein neues Glaubensbekenntniß für die evangelische Kirche. Von Kirchenfreund. Halle a. S., Eugen Striem, 1892. — Wilh. Brückner, Stadtpfarrer in Karlsruhe, Das apostolische Glaubensbekenntniß. Ein Vortrag. Karlsruhe, G. Braun, 1892. — Wilh. Bithorn, Dombiakonus zu Merseburg, Dr. Harnack's Theologie u. d. kirchl. Bedürfnisse der Gegenwart. Ein Wort zur Verständigung für evang. Laien. Göttingen, Vandenhoeck & Ruprecht, 1892. — W. Bornemann, Prof. lic. theol., geistl. Inspektor am Kloster U. L. Fr. in Magdeburg, Der Streit um das Apostolikum. Vortrag Magdeburg, Kreutz'sche Verlagshandlung, 1893. — Dr. Herm. Kremer, o. Prof d. Theol. a. d. Universität Greifswald, Zum Kampf um das Apostolikum. Eine Streitschrift wider Dr. Harnack. Berlin, Wiegandt & Grieben, 1893. — Adolf Stöcker, Hofprediger a. D., und Dr. O. Vogel, Realgymnasial-Direktor, Das apostolische Glaubensbekenntniß. Bericht über die in der „Tonhalle" zu Berlin am 14. Oktober 1892 gehaltene Versammlung bekenntnißtreuer evangelischer Männer. Berlin, Buchhandlung der Berliner Stadtmission.
[10] Paul Göhre, Kand. d. Theologie, Generalsekretär des evangel. sozialen Kongresses zu Berlin. Drei Monate Fabrikarbeiter und Handwerksbursche. Eine praktische Studie. Leipzig, J. W. Grunow, 1891.
[11] Die Verhandlungen über eine Reform des Glaubensbekenntnisses im Jahre 1846 sind eingehend dargestellt in der Schrift von Kirchenfreund. Ein neues Glaubensbekenntniß für die evangelische Kirche. Halle a. S., Eugen Staien, 1892, S. 29 ff. Daselbst ist auch das von Nitzsch entworfene und von der Generalsynode angenommene neue Ordinationsformular sowie das von Nitzsch gedachte neue Glaubensbekenntniß mitgetheilt. Verwiesen wird daselbst auf W. Beyschlag, Karl Immanuel Nitzsch, eine Lichtgestalt der neueren deutsch-evangelischen Kirchengeschichte. 2. Ausg. Halle 1882, S. 273–312.
[12] Eduard Zeller, Vorträge und Abhandlungen geschichtlichen Inhalts. Abhandlung 6: Wolffs Vertreibung aus Halle, der Kampf des Pantheismus mit der Philosophie. Seite 108 ff.

¹³ Nach den Fakultäts-Statuten der Bonner paritätischen Universität § 26 sind alle katholisch-theologischen Dozenten gehalten, das katholische Glaubensbekenntniß, nach Vorschrift des tridentinischen Kirchenrathes und in der in der Kirche üblichen Form in die Hände des Dekans in Gegenwart der übrigen ordentlichen Fakultätsmitglieder abzulegen. Diese Bestimmung muß jetzt nach doppelter Richtung Schwierigkeiten hervorrufen. Unter den Mitgliedern der Fakultät befinden sich auch exkommunizirte alt-katholische Geistliche, in deren Gegenwart die neu berufenen katholischen Dozenten das Glaubensbekenntniß nicht ablegen. Sodann genügt auch jetzt das tridentinische Glaubensbekenntniß nicht, sondern bedarf eines vatikanischen Zusatzes. Die statutarische Bestimmung muß also umgangen oder willkürlich verbessert werden. Ferner wird nach § 4 die katholisch-theologische Fakultät unter eine durchgreifende Mitaufsicht des Erzbischofes in Köln gestellt. Diese Mitaufsicht ist neuerdings noch durch Anordnung und Errichtung des rein erzbischöflichen Konviktes für die katholische Theologie Studirenden wesentlich verstärkt worden. Die katholische Lehrwirksamkeit der Universität muß sich darnach streng in den kirchlich angewiesenen Bahnen bewegen. Für Lehrer und Schüler dieser Fakultät besteht die Freiheit der Wissenschaft thatsächlich nicht. — Für die evangelisch-theologische Fakultät besteht eine derartige kirchliche Gebundenheit statutarisch nicht. Es wird nur allgemein in § 3 ihrer Statuten bestimmt, „daß die Fakultät sich zu der unirten evangelischen Kirche bekennt und verpflichtet ist, ihre Lehre mit den Grundsätzen dieser Kirche, wie sie in deren anerkannten Bekenntnißschriften übereinstimmend und schriftgemäß aufgestellt worden sind, im Einklang zu erhalten und ihre Wirksamkeit dem Dienste dieser Kirche zu widmen". Diese Bestimmung hat doch noch eine gewisse Weite, so daß in der Anwendung ein gewisser Spielraum freierer Auslegung und Bewegung gelassen bleibt. Immerhin aber kann dieser § 3 doch als bestimmte Schranke gegen die Lehrfreiheit angerufen werden. Dies ist ja denn auch im Benderstreit geschehen. z. B. von Pastor Wilhelm Krüger zu Langenberg in seiner Schrift: Offenbarung oder Illusion? Wider Bender. Bremen und Leipzig 1886. Derselbe schreibt daselbst S. 49 mit Bezug auf die Bestimmung des § 3: „Vom Standpunkte der modernen Lehrfreiheit aus ist diese Bindung einer Fakultät an die Bekenntnißschriften der evangelischen Kirche eine unerhörte Knechtung des freien Forschergeistes. Eignet sich nun der Staat diese Fassung des Begriffes „Lehrfreiheit" mehr und mehr an, besetzt er etwa die Stellen der Dogmatiker fortan in der Weise, daß immer einem positiven Theologen ein moderner gegenübersteht, wie das heut bei uns in Bonn der Fall ist, so daß immer ein Professor diejenige Glaubenslehre, welche der Kollege lehrt, für Mythologie, Illusion, Phantasterei erklärt, muß die Kirche schwer

darunter leiden. Wir wollen einheitliche Fakultäten, wie wir einheitliche Schulen wollen; Fakultäten, in welchen die Paulinische Losung zur Wahrheit wird: „es sind verschiedene Gaben, aber es ist ein Geist", wir wissen aus Erfahrung, daß nur solche Fakultäten, in welchen neben einem Luther ein Melanchthon dozirt, Blüthezeiten unserer Universitäten herbeizuführen vermögen." — So der Pastor Krüger, ohne bei dieser letzten Berufung zu bedenken, daß doch die Reformation nur dadurch ins Leben trat, daß Luther und Melanchthon durch Erkämpfung einer anderen Freiheit der Universitätslehre ihr Werk haben verrichten können. Die Leute vom Schlage des Pastor Krüger kennen also nur das von Luther und Melanchthon durchbrochene Ideal kirchlicher Abhängigkeit der Universitäten. Thatsächlich hatten bekanntlich die damals allgemeiner vorgebrachten Klagen die Folge, Professor Bender aus der theologischen in die philosophische Fakultät hinüberzudrängen unter der stillschweigenden Voraussetzung natürlich, daß die Studirenden der Theologie nun schon aus Examensrücksicht den Besuch seiner Vorlesungen vermeiden würden. Dergleichen den engherzigen Klagen entgegenkommende Verschiebungen haben die deutschen Regierungen wiederholt schon vorgenommen. Nach den Zeitungsnachrichten soll in Betreff Harnacks zunächst an eine Ausgleichung seines schädlichen Einflusses durch Berufung eines Kirchenhistorikers entgegengesetzter Richtung versucht werden. Die Klagen der Leute vom Schlage des Pastor Krüger würden damit, wie obige Aeußerung zeigt, nicht beschwichtigt werden. Dazu müßte mindestens eine weiter gehende Kaltstellung des Sünders folgen oder schließlich auch noch eine Ausweisung in den Sündenpfuhl der freieren philosophischen Fakultät.

Ganz frei in unserer Wissenschaft sind wir freilich statutarisch hier auch noch nicht. Nach § 6 der Bonner Universitäts-Statuten „soll in der juristischen Fakultät wenigstens einer der ordentlichen Professoren katholischer Konfession sein, der das Lehrfach des katholischen Kirchenrechts übernehmen kann, ingleichen soll in der philosophischen Fakultät immer ein ordentlicher Professor der Philosophie von katholischer Konfession neben einem ordentlichen Professor evangelischer Konfession angestellt, außerdem aber in keiner Fakultät, die beiden theologischen ausgenommen, auf die Konfession der anzustellenden Lehrer Rücksicht genommen werden". Diesen Vorschriften der Statuten ist bisher in Betreff der Geschichte und Philosophie formell stets entsprochen worden. Als der Philosoph katholischer Konfession altkatholisch wurde, ward obendrein noch den Wünschen der Römisch-katholischen zu Liebe über die statutarische Konfessionsrücksicht hinaus von der Regierung ein entsprechender dritter Ordinarius berufen. Nach dem Tode des altkatholischen Philosophen schien eine konfessionelle Rücksicht nach dieser Seite nicht mehr nöthig. Statt dessen sind wir nun seitdem durch Versetzung des theologischen Professors **Bender** in die philosophische Fakultät von evangelischer Seite, wie schon früher längere Zeit hindurch über die Statuten zwiefach vertreten, gewiß aber nicht zur Befriedigung der evangelischen Orthodoxie, die weder Bender noch mich evangelisch für vollgültig ansehen wird. Die Staatsbehörde urtheilt natürlich nur nach der formellen Konfessionszugehörigkeit und kann damit den Streit der Parteien über die inhaltliche Berechtigung der Zurechnung doch nicht vermeiden. Dieser Streit wird daher auch je nach wechselnden Zeitströmungen immer von Zeit zu Zeit wieder neu aufgefrischt und wirft dauernde Beunruhigungen in die wissenschaftlichen Arbeitsstätten, die davon frei sein sollten. Nach dem Muster dieser preußischen Konfessionsberücksichtigung ist neuerdings auch in Freiburg in Baden die Geschichtsprofessur konfessionell getheilt worden, und sonderbar genug derart, daß dem Katholiken die Vertretung der badischen Geschichte zugewiesen worden ist. Entweder geschah dies mit dem Bewußtsein, daß der Betreffende sein Fach nicht gar zu streng katholisch nehmen werde, dann wird seine Anstellung die gestrengen Parteiherren nicht befriedigen, dieselbe wird ihnen dann nur als Scheinkonzession gelten; oder der Berufene entspricht den Wünschen der ultramontanen Partei, dann versteht man nicht, wie der badischen Regierung gerade die Pflege der badischen Geschichte von dieser Seite besonders willkommen sein kann. — Für die Universitätswissenschaft hat überhaupt einen Sinn nur die Ausdehnung des Schlußsatzes des § 6 unserer Universitäts-Statuten, nach welchem auf die Konfessionen aller anderen anzustellenden Lehrer keine Rücksicht genommen werden soll, auf alle Universitätslehrer mit Ausnahme natürlich der Theologen. Die Gegner verlangen statt dessen selbstverständlich auch für paritätische Universitäten eine ziffernmäßig gleiche Betheiligung, was aber selbstverständlich nur zu einer Vermehrung inquisitorischer Nachforschungen über bloß formelle oder inhaltlich gültige Konfessionszugehörigkeit führen muß, wie wir sie in Betreff der Theologen, Philosophen und Historiker jetzt in Anwendung gebracht finden. Das eben sind dann die statutarischen Rückhalte für das Hineinziehen des konfessionellen Parteizwistes in die Forschungsstätten der Wissenschaft, die nur das eine Ziel gewissenhaftester Erforschung der Wahrheit kennen sollen.